成人高校发展新机探究

—— 北京市朝阳区成人继续教育理论
与实践研究

编委会主任：李心刚 蔡　芳

编委会副主任：于忠波 邵建华 孙国华

主　　　编：邵建华

副　主　编：李彦超 王安荣 毛雪燕

天津出版传媒集团

天津科学技术出版社

图书在版编目（CIP）数据

成人高校发展新机探究：北京市朝阳区成人继续教
育理论与实践研究 / 邵建华主编. -- 天津：天津科学
技术出版社，2022.7

ISBN 978-7-5742-0221-4

Ⅰ.①成… Ⅱ.①邵… Ⅲ.①成人高等学校－发展－
研究－朝阳区 Ⅳ.①G729.21

中国版本图书馆CIP数据核字(2022)第107961号

成人高校发展新机探究：北京市朝阳区成人继续教育理论与实践研究
CHENGREN GAOXIAO FAZHAN XINJI TANJIU:BEIJING SHI
CHAOYANG QU CHENGREN JIXU JIAOYU LILUN YU SHIJIAN
YANJIU

责任编辑：李晓琳

出　　　版：天津出版传媒集团
　　　　　　天津科学技术出版社

地　　　址：天津市西康路 35 号

邮　　　编：300051

电　　　话：（022）23332695

网　　　址：www.tjkjcbs.com.cn

发　　　行：新华书店经销

印　　　刷：天津兴湘印务有限公司

开本 710×1000　1/16　印张 14.5　字数 207 000
2022 年 7 月第 1 版第 1 次印刷
定价：68.00 元

编 委 会

前　言

　　终身教育理念的提出与实践，使教育的内涵获得了全新的诠释。学习是我们一生的课题，将贯穿生命始终。朝阳社区学院作为区属高校，在实践中积极探索终身教育下成人高校服务社会的有效途径，科研便是其中最重要的途径之一。

　　著名科学家钱伟长指出："大学必须拆除教学与科研之间的高墙，教学没有科研做底蕴，就是一种没有观点的教育；没有灵魂的教育。"学院一直在努力实现通过科学研究来引导和推进学院教育教学改革和各项工作的创新发展。为提高教职工队伍的科研水平，促进教师专业发展，推动学院办学水平的整体提升，营造良好的科研氛围，学院每学年开展一次优秀论文的评选活动，也是为教师们的工作与研究结合提供了一个思考和展示的平台。

　　本书比较客观地反映了一年来教职工开展教育教学研究的理论研究和实践成果。在学院提出的"科研因工作而生，工作因科研而强"的定位下，论文内容理论联系实际，结合学院发展，立足本职工作，按照在工作中发现问题、分析问题、探究解决问题的思路和途径，提出处理工作或教育问题的建议。论文内容既有对社区学院办学思想的大胆探索，也有对社区教育、继续教育、远程开放教育、学科教育、老年教育的分类研究；既有对终身教育理论的深层思考，也有对终身教育教学实践的经验提升。

用科研来指导工作实践，紧密联系学校教育教学改革和建设发展实际，既推动教师的自我发展，又对推动学院实现持续、转型发展具有重要意义。

真诚感谢各位领导和老师们对学院发展的关心与努力，也感谢每一位为本书分享经验、贡献智慧的作者们！

——北京市朝阳区职工大学

2021 年 6 月

目　录

朝阳区职工大学教学督导工作思路探究

薄雪萍

摘要：教学督导是学校教学管理的一项基本制度，对高校育人质量的提升和教育教学改革的深化发展发挥着重要作用，是提高教学质量和学校治理能力的有效途径。文中提出我校教学督导工作的有效开展，应以学校内部质量保障体系的构建为根本出发点，同时执行不断完善的教学质量监控体系，加强督导队伍建设。实际操作中应统筹设计督导内容，加强教学过程监控，协调发挥好教学督导的"督"与"导"职能，为以立德树人为根本的高质量教学运行、高素质人才培养保驾护航。

关键词：教学督导 教学质量 教学质量保障体系 教学质量监督体系

目前，教育质量已经成为教育部和社会各界对学校评价的重要指标，直接影响着学校的生存状况和未来发展势态。教学督导是学校教学管理的一项基本制度，是教学质量诊断、保障与监控的重要手段，对高校育人质量的提升和教育教学改革的深化发展发挥着重要作用，是提高教学质量和学校治理能力的有效途径。因此,我校十分重视教学督导工作,专门成立了教学督导室,通过建立各种规章制度、构建督导指标体系、规范督导工作,探究以教学质量提升为目的的教学督导运行模式,发挥教学督导在规范教学管理、推进教学质量诊断、保障教学质量提升等方面的有效作用。

一、我校成立教学督导室

2019 年初,我校新的机构改革部门设置中增设了教学督导室。新成立的教学督导室独立于其他行政管理部门,不受其他教学管理职能部门的约束,独立开展教学督导工作的。这样的机构设置,打破了以前教学部门自己执行、自己管理、自己监控的格局。教学督导室可以对教学过程进行全方位的监控,同时也对教学管理职能部门的工作进行督促和检查,有利于认真地贯彻学校的办学意图,更深入地发现教学工作与管理中的问题,客观地反映教学管理部门和师生的意愿,达到较好的监控效果。

二、教学督导的工作内容及作用

我校教学督导室成立后,工作开展以调查研究为依据,从建章立制入手,采用巡查、查阅平台教学资源、访谈、问卷、进班听课、组织专家进行评课、统计反馈等方式开展了一系列的教学督导工作,但工作的深度和广度不够,作用效果也不是很理想。

(一)教学督导的基本内容

教学督导的基本内容应包括督教、督学和督管三部分。督教指对教师教学过程的督导,应包括对教师的教学准备情况(即课程的教学设计、教案、课件等)、教学实施情况(即课堂教学组织、教学态度等)以及教师的教学水平和教学质量进行督查、做出评价;督学的对象是学生,主要内容包括摸清学生的学习情况、分析其学习感受、了解学生的学习诉求、学习困难、反馈学生关心的问题等；督管是指对学校的教学管理工作进行督导，发现管理过程中的问题并提出指导性建议。在这三部分督导内容中，督教是手段，督管是保障，督学是目的。教学应以学生为中心，一切为了学生，为了学生的一切，为学生学习做好服务。

教学督导工作的开展应围绕督教、督学、督管全方位、立体化地进行。然而目前，我校的教学督导工作在督教方面，主要限于采用校内听课、问卷评教来监控教学质量，对教师教学准备情况了解较少，对实训、实践类课程的监控也没有关注。此外，对督学、督管涉及得则较少。这一方面是人员、时间精力有限，另一方面也是工作思路、工作规划不到位所致。

（二）教学督导的作用

教学督导工作可行使监督、检查、评价、指导职能，其作用主要体现在以下三个方面。一是对教学过程的监控。通过对教学过程、教学管理的检查、监督，发现不规范的行为、现象、问题，及时指出予以反馈，督促其采取措施纠正偏差，从而使教学过程处于可控状态，使教学质量达到人才培养目标的要求。二是帮助教师成长。教育要发展，教师是关键。教师是影响教学质量的重要因素之一，教师自身的素质和成长非常重要。教学督导即督促指导，应以关心、指导、激励教师尤其是青年教师不断成长进步为宗旨。不断改进工作方法摆脱传统督导带来的认识误区，杜绝仅凭一次听课就对某位教师的整体教学水平进行偏差性定义。教学督导工作中，指出教师在教学中存在问题的目的是引导教师明确改进方向，使教师了解自身的优势和不足，实实在在地感受到来自被督导的帮助。三是提供切实的管理决策意见。教学督导通过对教学活动的全方位、全过程进行检查、监督、评价、分析，尤其是对重大教学改革的关注，发现和总结相关问题、好的典型代表等，及时、客观地向领导、教学管理职能部门反映，向教与学双方反馈，同时提出相关改进、推广建议，作为领导决策的参考和依据，起到参谋和助手作用。

三、如何更好地开展教学督导工作

教学督导是提高教学质量的有效手段，是对教学过程实施监督与指导的一项工作制度，是学校内部教学质量保障体系与监控体系的重要组成部分。教学督导工作的有效开展，应以学校内部质量保障体系的构建为根本出发点，同时执行不断完善的教学质量监控体系，加强督导队伍建设，保证工作高质量地顺利完成。

（一）构建教学质量保障体系

教学质量保障体系的构建应秉持四个原则：一是目标性原则，即以实现教育的培养人的目标为核心原则，指导各教学环节的实施，均要注意立德树人，以人为本。因此在质量保障体系构建及实施过程中，要确保教学各环节、教学质量与人才培养目标的一致性。二是全员性原则，只有全员参与才能保障教学质量。即教学质量保障体系的实施，离不开学生、教师、督导等各方面的共同努力，要强化教师、学生在教学环节中的主人翁意识。三是系统性原则，因教学质量保障体系涉及面广，因而教学运行的各环节中要注重统筹协调教学条件、教学保障、教学管理、学生管理等。四是过程性原则，教学质量不能仅关注教学结果，更多地应关注教学过程，要注重教学全过程管理。如图1所示，教学质量保障体系由以下几部分组成。

（1）理念保障。立德树人，以学生为本。教学的对象和核心是学生，教学活动必须以学生为中心，校领导、教务处、各系部、任课老师等都需要强化现代教育理念，树立促进学生知识储备、能力培养、综合素质发展的理念，强化以提高学生实践能力和创新精神为核心，具备良好职业道德情操的理念。

（2）组织保障。组建专项领导及工作小组，实施教学质量保障工作。学校分管领导、教务处、专业（课程）负责人、主讲教师应通力合作，督导专家、

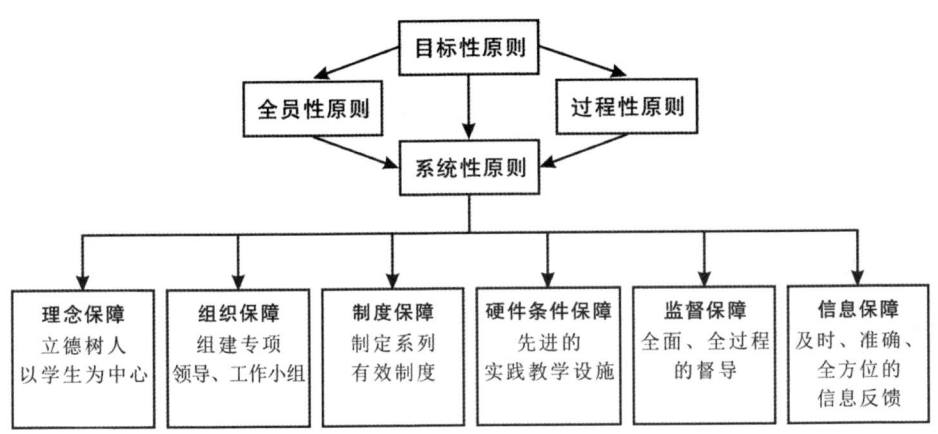

图 1　教学质量保障体系示意图

系部主任应相互协调。督导专家负责教学质量监控各环节的具体组织与实施，系主任负责制定及修订人才培养方案，主讲教师要参与制订、修订、完善教学大纲并严格按教学大纲进行教学，加强课堂教学组织管理，有效完成教学内容，实现教学目标。

（3）制度保障。建立完善、可行、具体的保障制度是保证整个体系有效运行的基础。校领导应重视制定有效的制度，使教学质量保障体系的实施有章可循。尤其是要将教学督导工作放到校级层面予以管理。

（4）硬件条件保障。要培养出能力强、综合素质高的人才，就要能切实开展实践教学。要有先进的实验教学条件、专业实训室、能深入合作的实践基地等，要加强和社会各方的深度合作，为确保教学质量提供条件保障。

（5）监督保障。教学质量督导小组，要负责全面监控教学的全过程，力求做到全方位监督无死角，由表及里、由教到学、由理论环节到实践环节，覆盖教学的方方面面。督导过程要严于督，善于导，"督"和"导"要有效结合，要发现问题及时查找原因，及时纠正，促进教质量的提升。

（6）信息保障。及时、准确、全方位的信息反馈是教学质量有效管理的前提。教学督导小组要设专人负责各方信息的收集、整理、反馈、追踪，根据信息反馈及时发现教学中存在的问题，提出改进建议，并监督后续的执行情况。

（二）完善教学质量监控体系

一个可行的、完整的教学质量监控体系，应该能够对教学过程进行全方位、立体式监控，对教学活动进行全程监督、全员覆盖。教学监控要通过强化教师的育人质量意识、学生的主动学习意识、领导管理人员的责任意识、督导组的严格监督意识，采用"树典型、老带新"的方式，在学校营造积极向上的氛围。从教学督导工作的角度出发，可基于PDCA（计划—执行—检查—调整）理念构建闭环式教学质量监控体系（如图2），具体内容如下。

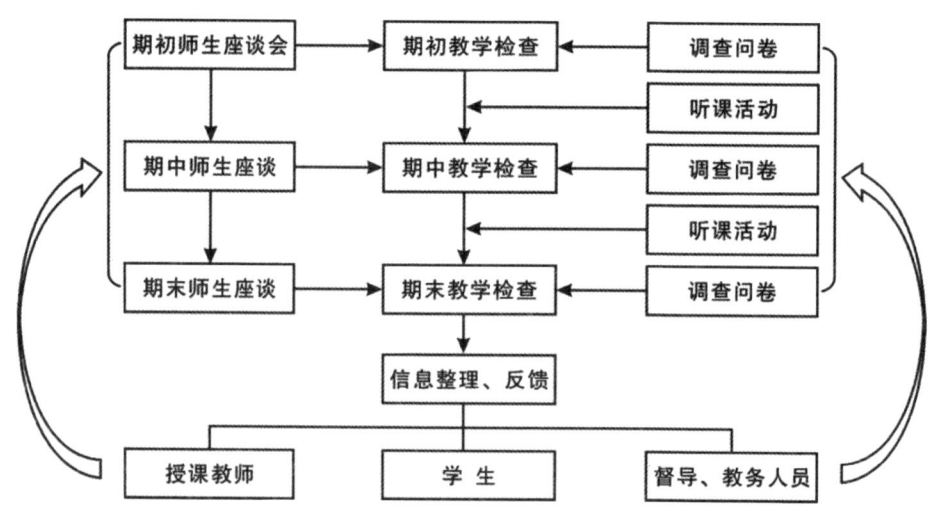

图2 教学质量监控体系示意图

（1）每学期三次的师生座谈。教学督导每学期应分别于期初、期中、期末召开三次师生座谈会，以了解师生的需求情况，帮助解决教师在教学、学生在学习过程中遇到的各种问题和困扰，提高教学质量。可以在期中请督导专家参加座谈会，针对具体问题，为每位老师或同学提出切实可行的意见、建议。因不同专业、不同科目的特点及教学要求不同，应该聘请具有相关专业背景、行业经验并且懂得教学的督导专家，以保证其能给予有效的建议。

（2）及时简单的问卷调查。可以采用问卷星或通过网络教学平台、QQ群、微信群等各种与教学方式相配套的渠道，匿名对各门课程的具体教学情况和每一位任课老师的教学质量进行问卷调查。问卷内容要精心设计，尽力组织全体师生参加，问卷收集、整理一定要及时，保证时效性。为保证达到调查问卷的效用，领导应在最短时间内解决相关问题，督导人员要及时将反馈意见通知到具体师生。

（3）严格的教学检查。教学检查应设置完善的指标体系，严格检查各项指标的执行情况。学期初，采用查阅的方式重点检查所有任课老师的教学材料，包括授课计划、教案、课件等；学期中，通过听课、调查问卷、座谈会等多种形式，对各位老师的教学效果和进度进行综合检查，关注授课计划执行情况、作业批改情况等，及时发现问题，纠正问题，改进教学。对授课计划的执行情况要了解具体执行细节，如有较大出入，应召集教务负责人、系部负责人、任课教师、学生等共同查找原因，寻求改进策略。学期末，通过学生评教、检查考卷、试卷分析报告等对所有教学环节进行综合检查，对教学效果进行深入的分析、奖优树立学习榜样，可设置优秀教案评比、教学方法教学手段评比、优秀论文评比、教研活动评比、各课程教学质量评比等环节，并予以激励。

（4）完善的听课活动。听课活动可分别由学校分管领导、教务处、督导组、教学系部主任等组成多层次的听课体系，交叉进行。听课活动既有由上而下对教学方法、教学纪律的检查，又有专业督导对授课内容、教学效果的检查；既有对教师"教"的督导，也有对学生"学"的督导。通过听课要对授课中存在问题的教师或班级，进行有针对性的指导，并反复多次追踪督导，直至改正达到良好的教学效果为止。

教学督导工作从根本上讲就是通过对教学质量的监控和管理，进而从本质上提高人才培养质量。工作中要树立立德树人、以人为本的督导理念，增强现代督导意识，创新督导工作方式，严"督"实"导"，保证教学活动的安排以学生为中心，从培养学生出发，从学生的身心发展出发，充分体现教为学服务，真正实现教学质量的提高。这一目标的实现，离不开一支强有力的教学督导队伍。

（三）强化教学督导队伍建设

教学督导工作在提高教学质量的过程中占有重要地位，具体工作具有一定的专业性和权威性，建设一支高素质的教学督导队伍，不断提高教学督导工作水平是做好教学督导工作的关键，因此应重视教学督导队伍建设工作。首先要做好督导人员选聘工作。我校督导室目前只有三名教师，应选聘师德高尚，有高度责任感和事业心，具有敬业奉献精神与团队协作精神，作风正派，严谨治学，教育教学能力强，经验丰富，身体健康，并具有副高以上职称的教师以及教学管理人员、企业或其他相关单位的干部担任督导人员。其次要重视对督导人员的培训。一是要加强现代科学教育教学理论的培训，为保证督导工作的前瞻性和科学性，应引导督导人员重视并深入学习教育理论，学习有关教育教学的最新政策、文件精神，以便能紧密结合学校教育教学改革实际和发展态势设计教学督导活动，科学而有效地调整监控教育教学行为；二是要重视对督导工作方法、态度的培训，形成专题研究的氛围。在督导过程中，为提高工作的实效性，避免盲目性，减少只考虑快速或按时完成眼前督导工作任务，而很少考虑实际问题的解决，对发现问题的原因不求甚解，就必须要求督导人员具备强烈的问题意识、探究意识，并使其理论学习与解决实际问题紧密联系。为促进教师的教学能力、提升教学水平，教学督导过程中要重视与教师面对面地交流、研讨，要辩证地谈看法、诚心诚意地提建议，使教师在教学中能真正地把立德树人、以人为本渗透到课堂中。

现代社会的发展促使教育改革势在必行，在提倡由"中国制造"转变为"优质创造""精品创造"的今天，我校也承担着为社会培养高素质的劳动者和技术人才的重要使命。我们应创新教育理念，建立多元化办学的新格局，在教学方面开拓创新的同时充分发挥教学督导作用，统筹设计督导内容，加强教学过程监控，协调发挥好教学督导的"督"与"导"职能，保障教学督导工作有理、有序地进行，为以立德树人为根本的高质量教学运行、高素质人才培养保驾护航。

参考文献

[1] 苏君阳，陈亚涵 . 放管服改革背景下高校内部教学督导的问题、挑战及对策 [J]. 北京教育 (高教).2019，(1):93–97.

[2] 罗应棉 . 基于促进青年教师职业成长的高校教学督导模式探究 [J]. 创新创业理论研究与实践 .2018，1(16):87–89.

[3] 金一粟，韩响玲，秦毅红，等 . 高校本科教学督导体系的探索与实践 [J]. 当代教育理论与实践 .2018，98(2):58–62.

[4] 丁海琴，黄静，张艺 . 高校教学督导工作从"督"到"导"的角色转换 [J]. 浙江理工大学学报 (社会科学版).2015(4):348–350.

[5] 王岩，杜少杰，李娟，等 . 建立"四督一体"教学督导模式完善高等学校内部质量保障体系建设 [J]. 中国高等医学教育 .2011，(1):72，138.

对朝阳社区学院文化建设的思考

董　巨

摘要：本文运用企业文化相关理论，结合学院实际，对朝阳社区学院文化建设进行分析研究。文章从什么是学院文化、为什么要建设学院文化、建设什么样的学院文化以及如何建设学院文化等方面进行了探讨。文章提出学院文化建设根本上要解决学院发展为了谁、依靠谁等问题，核心是学院价值观；学院文化是管理文化，是学院管理者思想和行为在组织管理过程中的反应。因此学院文化建设不仅仅是制定一些价值观和制度、标识等，而应从战略管理角度研究学院如何发展，研究应该建设什么样的文化；并且从根本上在日常学院管理中践行学院核心价值观，达到提高学院竞争力的目的。

关键词：朝阳社区学院 学院文化 价值观 学院发展战略

一、什么是学院文化？

（一）学院文化的概念

简单地说，所谓文化就是指人的思想和行为方式。[①]

学院文化是一种组织文化，是朝阳社区学院作为一个组织，在长期发展过程中所形成的、由学院最高管理层所倡导、并为广大员工所认同和接受的思想和行为方式，表现为学院使命宗旨、愿景目标、价值观、常规行为方式、规章制度、激励约束系统、故事和话题、物质环境等。

学院文化的核心是价值观。学院文化建设根本上要解决学院发展为了谁、依靠谁等问题。最核心的是要体现公平与效率。

学院文化是管理文化，是学院管理者思想和行为在组织管理过程中的反映。

（二）学院文化的核心是价值观

学院文化包括三个层次，即价值层面、制度层面和物质层面。

价值层面是学院文化的核心，包括学院的使命、价值观、愿景目标等。学院文化建设根本上要解决学院发展为了谁、依靠谁等问题。学院价值观是学院管理者对组织的活动主体和主要利益关联方的意义、重要性的总评价和总看法，是组织的信念体系。价值观对一个组织意义重大，虽然在很多情况下，我们不能直接看到一个组织的价值观，但一个组织的一举一动，都包含了价

[①] 给文化下一个准确或精确的定义，是一件非常困难的事情。对文化这个概念的解读，人们也一直众说不一。本文的这个解读——"人的思想和行为方式"，更简单一些，也便于理解。并且可以从个人的文化，推出企业文化、学院文化等。

值观选择。学院价值观，简单地说，就是学院提倡什么、反对什么，树立的行为榜样是什么样的人，什么样的行为受到学院组织的认可，什么样的行为受到学院组织的反对，等等。

制度层面主要是在价值观的指引下，建立的各种规章制度、行为模式、准则，其对全员的行为进行规范、激励与约束。最核心的制度是分配制度以及用人制度。

物质层面是学院文化的外围层，包括学院标识、院容院貌、环境的布置与设计、良好的文化传播媒介、完善的文化体育设施、设立有纪念意义的活动、员工的服饰等。

学院文化的价值层面、制度层面和物质层面必须相统一。

二、为什么要建设学院文化？

朝阳社区学院经过二十年的发展，目前已经成为服务于区域社会经济发展建设的有特色的成人高等学院，同时形成其独具特色的学院文化。学院确立了"立足社区、服务社区"的办学宗旨，形成了"致学致用、成就成人"的校训，确立了"以社区为依托、以改革为主线、以教学为中心、以质量求生存、以特色求发展"的办学方针，这也体现了学院的价值观。学院历届领导班子带领广大教职员工发扬"敢为人先、务本求实"的学院精神，积极进行社区教育这一新型学院发展模式的探索，朝着建设"一流社区学院，实现个人、组织共同发展"的共同愿景阔步前行。

但是随着我国市场经济体制改革的深化，学院将面临越来越多的外部挑战和内部问题，其中最为突出的挑战就是成人生源逐年下降，其次学院与区域经济社会发展紧密结合的机制尚未完全形成，办学的自主开发能力和创新能力还不强，人力资源的配置利用有待整合，教师队伍建设有待加强，等等。为适应这些变化，必须进行学院文化建设。

加强学院文化建设能够有效促进学院管理。学院文化对内潜移默化影响员工的行为与思想，起到激励约束作用。按照现代管理理论对人的假设，组织中的每个人都是"决策人"，而决策是由前提推出结论的过程，其前提有两类——事实前提和价值前提。事实前提来自经验、知识和情报，其中存在着理性和逻辑；价值前提来自情感、动机和需要，其中充满着价值判断。组织可以通过提供价值前提从而影响员工的思想与行为。学院组织通过文化建设，将价值观灌输给员工，从而使员工的行为决策朝着学院组织所需要的方向发展。

学院文化对外提高学院的知名度与美誉度，提高学院核心竞争力。

三、建设什么样的学院文化？

（一）影响学院文化形成的因素

不同组织由于其所处行业、管理体制、外部环境、发展历史等的不同，所形成的组织文化是不同的；即使是同一行业的组织，由于组织管理者的个性与管理风格不同，对未来的预见不同，价值观、理想与抱负的差异等，最终所形成的文化也是不同的。影响学院组织文化形成的因素主要有以下几个方面。

（1）成人教育行业及发展战略。有什么样的行业就有什么样的文化。文化必须服务于组织的发展战略，有什么样的战略就要有什么样的文化。

（2）管理体制。管理体制决定一个组织的机制，决定组织的文化。所以一定意义上讲组织文化就是体制文化。

（3）管理者。组织文化就是由管理者在长期运营中塑造的。管理者的管理风格、价值观、理想与抱负等影响组织文化的形成。所以一定意义上讲组织文化就是管理文化。

（4）发展历史。就像一个人的文化形成一样，思想和行为的养成不是一蹴而就的，是在成长过程中长期形成的，并且一旦形成，改变起来也是很难的。

组织文化也一样，组织的发展历史，历届组织管理者的管理风格、价值观等都影响组织文化的形成。

（5）社会文化。学院作为一个组织是一个系统，学院文化必将受到外部社会文化的影响。

（二）建设有竞争力的学院文化

笔者认为组织文化不管你是否建设都是客观存在的。我们可以将组织文化分成两种：一种是有竞争力的组织文化，另一种则为没有竞争力的组织文化。学院应该建立有竞争力的组织文化。

所谓一个组织有竞争力，是一个组织凭借此能力比竞争对手有更高的效率和更好的效果为用户提供产品和服务，并因此超越其竞争者的能力。一个组织有竞争力体现在的四个方面：①卓越的效率；②质量；③速度、灵活性和创新；④对用户的响应度。

有竞争力的组织文化表现为组织通过该文化建设能够适应外部环境的变化，具有卓越的效率、可靠的产品与服务质量，迅速，灵活性和创新性强，以及对用户的响应快速。

大道至简。笔者认为有竞争力的学院文化需要有以下特点。

（1）为社会发展服务。学院的性质是公立成人高校，学院的使命宗旨、方针、价值观等必须体现为社会服务、为区域经社会发展服务。

（2）为员工谋幸福。员工是学院组织活动的主体。习近平总书记曾经指出："人民对美好生活的向往就是我们的奋斗目标"。这也是所有组织得以发展必须遵循的基本原则。

（3）为学生用户提供高质量水平的服务，成就成人。

（4）公平与效率并重，组织效益与社会效益并重。追求公平与效率是所有组织赖以生存的基本前提。

（5）珍视人才，建立一支凝聚力强、思想与技术过硬的骨干队伍。

（6）倡导"正直守信、敬业奉献、拥抱变化"等价值观。

四、如何建设学院文化？

（1）组织保障。成立学院文化建设领导小组，负责领导学院文化建设。成立学院发展战略以及学院文化建设课题组，进行学院文化研究。

（2）从学院发展战略角度研究确定学院文化内涵。学院发展战略主要是根据学院内外环境因素，制定学院当前以及未来的发展方案，包括学院愿景目标、使命、职能定位、价值观、服务领域、竞争优势等。学院发展战略决定文化的形成，同时学院文化反过来也影响学院战略的实施。战略的实施要求文化的适应与变化，实际上也就是要求我们在组织里的思想和行为方式必须改变。进行战略管理研究，才能够清楚学院面临的机会和危机，清楚学院的优势和劣势，清楚学院当前文化存在的问题。然后根据学院发展战略，首先在价值层面进行思考，明确学院核心价值观。其次进一步完善各种管理制度，主要包括分配考核制度，干部晋升制度，先进、骨干评选制度等。第三对学院文化的物质层面进行思考，通过标记、故事、仪式与庆典等活动，将学院价值观落实到成员的行动中，并使其不断发展和完善。确保学院文化的价值层面、制度层面和物质层面一致。确保学院文化与学院发展战略一致。

（3）管理者日常践行学院文化，树立榜样。学院文化是管理文化，学院文化建设不仅仅是制定一些宗旨、价值观、制度和标识等，而是从根本上在学院日常管理中，真正体现核心价值观，达到提高学院的竞争力的目的。管理者特别是高层管理人员在组织文化建设中扮演着重要角色。一方面管理者必须以身作则，另一方面在日常管理中，切实践行组织价值观。

（4）在广大员工中间宣传贯彻学院文化。

学院文化建设不是一蹴而就的，文化的变化往往是困难的，因为人们已经习惯了以前的思想和行为方式。文化建设需要全体广大员工尤其是高层管理者付出不懈努力，需要管理者的勇气、担当和胸怀，也需要意志力的展示。

正像著名企业家玛丽·凯·阿什所说："我们抗拒改变，甚至在我们不欣赏现有事物的情况下也是如此。人们一面激烈地抨击旧体系，但同时也强烈地反对任何改革的建议。毕竟，改变代表人们必须有所行动——要做调整，做些不同的事。对大多数人来说，保持原状要容易多了。"学院文化建设永远在路上。

参考文献

[1] 王绪君. 管理学基础 [M]. 第 3 版. 北京: 中央广播电视大学出版社，2016.

[2] 霍尔默斯，里奇，等. 个人与团队管理 [M]. 第 2 版. 北京: 中央广播电视大学出版社，2008.

[3] Joe Tidd, John Bessant. 创新管理——技术变革、市场变革和组织变革的整合 [M]. 陈劲，译. 北京: 中国人民大学出版社，2012.

[4] 周忠英. 企业文化——未来企业的第一竞争力 [J]. 商业研究，2004(03).

[5] 何载福. 企业文化建设实践与绩效研究 [D]. 华中科技大学，2005.

[6] 张敬文. 知识经济时代企业文化建设探讨 [D]. 暨南大学，2003.

[7] 邱尹. 独立学院文化建设研究 [J]. 承，2013(06).

[8] 杨鲜丽. 独立学院文化现状及改进对策 [J]. 广西青年干部学院学报，2014(05).

网络教学在继续教育混合式教学中的地位与实施方法

——疫情下网络教学的一些思考

高 歌

摘要：新冠肺炎疫情当前，为贯彻"停课不停学"的教育理念，落实教育部文件精神，我们学校也在教学工作中着手网络教学的实践，并实现了网络教学的最大化应用。可以说，经过这次疫情期间的客观推广，网络教学势必在未来的混合式教学中占据更大的比例。同时，疫情期间无奈选用的单一的网络教学模式也凸显出了这一新型教学手段鲜明的优缺点。针对网络教学的特点，扬长避短，在混合式教学中通过课程总体设计和课程内容的梳理，寻找出最适合网络教学的内容和表现形式，是最近进行了一段时间的全部网络教学的教学实践后，我进行的一些思考，记录下来，与同行共勉。

关键词：网络教学 教学手段 扬长避短

一、疫情下网络教学被推到了最前沿，获得了难得的发展机会

针对新冠肺炎疫情对高校正常开学和课堂教学造成的影响，2020 年 2 月 5 日，教育部正式下发《关于在疫情防控期间做好普通高等学校在线教学组织与管理工作的指导意见》（以下简称《指导意见》），要求各高校充分利用上线的慕课和省、校两级优质在线课程，依托各级各类在线课程平台、校内网络学习空间等，积极开展线上授课和线上学习，保证疫情防控期间的教学进度和教学质量，实现"停课不停教、停课不停学"。这也是在此次疫情防控期间，教育部首次明确要求高校利用网络开展远程教学。此后，各高校纷纷出台推迟春季学期开学以及开展网络教学的通知。

《指导意见》明确提出高校要合理调整、统筹安排春季学期与秋季学期课程教学计划。当前暂停所有寒假社会实践。保证在线学习与线下课堂教学质量实质等效。要引导教师开展线上教学活动，进行学习考核。与课程平台建立教学质量保障联动机制，了解学生在线学习情况。鼓励和支持有条件的高校，加快研发一批有特色、代表性强、数量充足的在线试题。《指导意见》强调，高校要择优选取符合本校实际、与网络环境条件相匹配的方案，与课程平台密切配合、规范管理，强化对课程内容、教学过程和平台运行的监管，防范和制止有害信息传播，保障在线教学安全平稳运行。

为贯彻"停课不停学"的教育理念，落实教育部文件精神，我们学校也在教学工作中引用网络教学，并实现了最大化应用。

（一）习惯于传统教学的教师由被迫接受向主动顺应网络教学的发展转变

基于疫情肆虐，正常的课堂教学无法正常进行，网络时代的科技进步作

为必备条件，倒逼教学方式发生相应的变化，网络教学在全部教育领域普及开来。

自 2013 年左右网络教学中最耀眼的"幕课"进入国内以来，看似声势很大，但真正将幕课用于课堂、进行混合式教学的，只占幕课的一小部分。大部分教师依然习惯于传统的教学形式。当教师已经习惯了一种教学模式后，如果外界既没有压力也没推力，仅靠一些口号是难以让教师行动起来的。而在大部分高校中，进行相关的网络教学方式改革，既不能给教师们带来切实的经济收入，也不能为他们的职称评定增加砝码。在这种情况下，多数教师自然不愿意付出更多的精力投入并不擅长的领域。

然而，此次疫情有可能成为我国网络教学发展的重要节点，因为疫情期间所有课程只能通过网络进行，教师们也就只能或主动、或被动地"触网"了。

（二）此次疫情也是培养学生形成自主学习习惯、意识和能力的好机会

相比于传统课堂教学，网络教学更强调主动学习。而主动学习是目前教育界一直倡导的学习观念。现代建构主义认为知识不是通过教师传授得到的，而是学习者在一定的情境即社会文化背景下，借助其他人（包括教师和学习伙伴）的帮助，利用必要的学习资料，通过意义建构的方式而获得的。由于学习是在一定的情境即社会文化背景下，借助其他人的帮助即通过人际间的协作活动而实现的意义建构过程，因此建构主义学习理论认为，情境、协作、会话和意义建构是学习环境中的四大要素或四大属性。教师是意义建构的帮助者、促进者，不是知识的传授者与灌输者。由此看来，网络教学似乎更符合现代以学生为中心的教学理念。在教师指导下的、以学习者为中心的学习，既强调学习者的认知主体作用，又不忽视教师的指导作用，学生是信息加工的主体，不是外部刺激的被动接受者和被灌输的对象。

传统的教学是以教师为中心的课堂教学。网络教学则是把传统学习方式的优势和数字化学习的优势结合起来，既要发挥教师引导、启发、监控教学

过程的主导作用，又要重视学生的积极性、主动性和创造性。二者结合起来才能达到最佳学习效果。在实际的网络教学过程中，教师在课前设计针对课程的预习思考题，课中将重点内容细化讲解，课后布置可以帮助学生加深课程理解甚至是举一反三的课后作业，都是在帮助学生理解课程内容，形成自己的知识体系。教师的作用从传统的传递知识的权威转变为学生学习的辅导者，成为学生学习的高级伙伴或合作者。这一点在网络教学中可以充分地体现出来。

二、网络教学在疫情下发挥了独特的作用，也存在着致命的短板

网络教学从 20 世纪 90 年代伴随着网络技术的进步迅速在教育领域引起了教学方法的改革浪潮。各类高校均结合自己的教学特点投入大量精力和财力来迎接这次教育方法的革命。各个学科也都试图用这种新出现的教学手段改变沉闷的教学过程。疫情背景下网络教学甚至被应用到了中小学教育领域。而大部分高校的 2020 年春季学期，几乎所有的教学手段全部集中于网络教学，于是网络教学的优缺点就像被用了放大镜一般凸显了出来。

（一）网络教学的优势是无可比拟的

单从这次疫情导致学校停课，正常的教学秩序无法进行，学生面临无法入校，无法面对老师，无法聚集同学，一切教学程序面临瘫痪，而网络教学挟先进的信息技术与软件,部分的甚至全部实现了"停课不停学"的教育理念，优点就是无法比拟的。

以往继续教育混合式教学中的网络学习主要是解决教育资源分配不均衡、学员难以处理的工学矛盾，而伴随疫情实现的网络教学则解决了全国各类学生无法进入校园进行课堂学习的难题。这种超越时空的解决方式是之前无法想象的。

网络教学的优点首先表现在教师和学生的相互关系上，学生有网络与教师间隔，对教师的权威感下降，这一方面可能影响教师在教学中的主导作用，但是另一方面，学生的参与性和向师性在提高。相比与面授教学，平时不很积极回答问题的学生会有不俗的表现，有利于教师对学生情况的总体把握。网络教学的特殊方式会使学生产生与教师平等的感觉，更容易建立起以学生为中心的相对轻松的教学关系。

在教学活动中网络教学的优点可以体现得更具体。教学活动是指施教者（教师）按照一定的教学原则通过恰当的教学方法和教学内容，达到对受教者进行传授客观性知识、锻炼技能、启迪智慧、引导正确的价值实现和激发积极情感体验的教育目的。那么我们就可以从以下几方面的教学活动来分析网络教学的优缺点。

在客观性知识的传授方面，网络教学是可以发挥很大的作用的，尤其是在摆脱时间空间限制，自由掌握客观知识方面，网络教学具有极大的优势。例如，2020年春这次新冠肺炎引起的全民隔离，各个学校无法进行课堂教学，本着停学不停课的原则，各个学校都开始大规模铺开网络教学。由于疫情从寒假开始，假期延长，学生无法到校，甚至我们学校的学生手里没有教材，这时候网络发挥了重要的作用。学校采用电子书、云教材的方式，老师采用电子文件、电子文档的方式把教学内容及时传给学生。例如国开网就开辟了云教材的栏目，学生登录就可以获得电子教材。这种快捷性和方便性是以往的正常教学活动无法达到的，在此之前，我们能考虑的手段只有邮寄教材，而事实上疫情期间由于运输受限连邮寄也是很难实现的。

（二）单一网络教学环境暴露出其致命的短板

网络教学中客观知识的传授可以通过教师的教学课件上传，学生下载学习，教师在线上集中时间进行串讲答疑。网络教学充分实现了学生的个性化学习，使得教与学可以在不同地域、不同时间灵活地实现。学生的自主学习成为现实，只要有学习愿望，就可以获得足够的网络知识与学习资源。这的确是人类知识学习自纸张使用后最大的变革。

然而在实践中，网络教学的客观知识讲授的教学效果就要大打折扣，尤其是某些需要调动学生思考探求的学科更为突出。教育和教学工作本身是一项复杂的系统工程，从来不是凭借某一种手段和方法就可以一蹴而就的。任何有混合式教学经验的教师都清楚，指望通过网络教学就能使学生积极主动的学习原来从不领会的东西那就太天真了。

一段时间的教学实践后，网络教学暴露出的问题就凸显出来了。网络教学对学习者的自学能力要求很高，而很多学生的自制力显然无法满足这一要求；某些网络教学为碎片化展示模式（慕课最为典型，经研究表明慕课最佳的时限是六分钟），不利于学习者系统知识的学习。网络教学没有面对面的交流，不利于师生情感的沟通，学习者易产生厌倦情绪；目前网络教学一般采用制式化，内容与方法，因材施教的教育优势无法全面实现，现场教学的教师通过点拨能解决的问题在网络教学中实现困难。

由此可见，网络教学和任何一种教学方法一样，有优点也有缺陷。所以疫情结束，正常的教学发展方向应该是混合各种教学手段和方法，在不同教学内容基础上适时适度地选择最佳教学手段，进行精心的教学总体设计，追求最佳的教学效果。那种把网络教学视同于混合式教学的观点是片面而没有前途的。

三、疫情后网络教学在混合式教学中的应用

（一）网络教学将会更大范围和规模的在混合式教学中得到应用

当前混合式教学正在各个教学领域中如火如荼的探索与实践中，尽管混合式教学有多种方式体现，但网络教学在混合式教学中的大规模应用是未来发展的必然趋势。

混合式教学并非专指网络教学。除了课堂教学外，教师有多种教学方式

方法来补充完善教学效果。我们可以看到教师在课前布置学生预习和查找课内外延资料；教师带学生参观深化课程内容的实践基地或课程实景演练；教师手把手教练指导某些技巧性动作。这些教授手段的应用本身就是混合式教学。

经过这次疫情下网络教学的实践，我们可以更深切地体验网络教学的优势，总结网络教学的经验和不足，将这种科技进步给我们教师提供的更新颖的教学手段应用好。让网络教学成为解决继续教育工学矛盾，提供更自由更人性化学习环境的教学手段。

（二）扬长避短，发挥网络教学的优势

疫情过后，网络教学必定会有所发展，但是也不可盲目，不可一刀切，应从学校教学发展的总体布局出发，科学引导各专业、各课程从自身特点和需求出发，选择合适的教学方法和教学模式。

不同层次和内容的教育领域本身对教学手段都是会有针对性的取舍的，混合式教学就是要实现对各种教学手段的博采众长、扬长避短。很多传统的教学手段的优点是不可代替的，比如课堂教学、工作实践、教练指导。并不是所有的课程都有进行网络教学的必要，反而传统的教学模式可能更利于知识的传授；而有些课程，进行网络教学则能够完善教学活动，提高教学质量。这需要我们审时度势、科学分析，对教学模式做准确的判断。中国人民大学教务处处长龙永红就坦言，目前国内幕课在学科上分配不均匀，大多是素质类和人文类课程，真正的专业类课程并不多。这一方面说明网络教学还在发展中，另一方面表明网络教学在某些学科的教学中并不占优势。

每一种教学方法都有它的适用性，有它最适合的教学对象和教学内容。所以课程整体设计中教学方法的选择，一方面要基于教学内容的特点。比如有些教学内容可以自学，有些则需要交流讨论出真知，更有一些内容需要教师情感带动深化，这些都需要采取不同的教学方法。另一方面，教学方法的选择是基于学习者的自身特点的。例如有些学生向师性强、自学能力差，有些学生工学矛盾突出但自学能力强，有些学生上网不方便但时间充裕，这种

不同的需要与特点也给实施不同教学手段追求最佳教学效果提供了导引方向。这也真正地体现了现代教育理念的"以学生为中心"的主旨。

（三）网络教学整体设计的实施要点

网络教学的优缺点都非常突出，那么在实施混合式教学，应用网络教学时，要把握一个关键点，就在于混合式教学的课程整体设计。这种课程整体设计是将课程的全部内容进行梳理，分别选取出适合不同的教学手段的教学内容，有区别地进行课程设计，选择不同的教学手段。

课程整体设计细化在课程的每个章节或者内容中，甚至可以借鉴企业培训的惯例，称之为项目设计。在具体项目设计中，首先在项目设计之初以学习者为中心，仔细考察和分析学习者的自身条件和真实需求，确定能实现的比较现实的教学目标。这一点对于成人继续教育尤其具有实际意义。我认为，基于网络教学的特点，偏重于客观知识讲授的课程内容、需要反复记忆和熟练的课程内容、课后关联性作业多的课程内容，比较适用于网络教学。

首先，客观事实，知识性比较强的内容，不需要过多的教师讲解，学生学习目标以了解为主，这类内容放在课堂讲授会占用很多时间，对头脑灵活接受知识比较快的同学来说会感觉简单而无趣，他们可以通过网络教学用更短的时间学好。接受能力差的同学则可以利用更多的时间反复学习，跟上教学进度。这样就为教师节约了更多的课堂时间来进行更有效的教学。

其次，课程中有一些需要反复记忆或者多次认知才能掌握的课程内容，也是适合网络教学的。网络教学的一个很大的益处是，上传的资料会长时间停留，任何时候学生只要需要就可以从网络平台上调出来温习，这是课堂教学无法实现的。教师不需要反复多次的课堂叙述，同样节省了大量时间，还可以调动学生的学习主动性。

最后，课后作业需要深入和利用网络资源的课程，学生需要更多的回味课程，展开联想，运用自己的思考和网络资源来完成并深刻领会课程内涵。这类课程运用网络教学可以给学生更多的施展空间，充分体验信息化社会带来的便捷和开放，可以更好地调动学生学习的主动性。

综上所述，网络教学是混合式教学的重要教学手段，是信息化时代，将数字化教学与原来各种教学手段相结合的教与学的新方式。在实施网络教学手段实践中，需要以学生为中心，以学生的自身特点和接受学习的方式为切入点，充分发挥教师在教学过程中的引导、启发、监控等主导作用，体现学生在学习过程中的积极性、主动性和创造性，探索最佳的网络教学结合方式，以追求到更好的教学效果，是新时代每个教师都要积极探索的课题。

参考文献

[1] 教育部官网 .www.moe.gov.cn:2020(02).

[2] 陈彬 . 疫情下的网络教学：那么近，那么远 [N]. 中国科学报，2020.

[3] 土爰敏 . 关于网络环境下混合式教学模式的思考 [J]. 教育教学论坛，2018(12).

[4] 向怀坤 . 基于网络教学平台的课程开发与实施效果分析 [J]. 职业教育研究，2020(02).

疫情下多视角审思在线教学发展

郭　丹

摘要：疫情影响了学校正常教育教学，"停课不停学"要求学校和教师借助信息技术开展在线教学支持学生学习。疫情中的在线教学不能按照之前既定的、统一的教育教学计划进行，应结合疫情开展应时的在线教学。在线教学规范化必须综合考虑技术、理论、政策与教师等多方面因素。

关键词：教育 在线教学 疫情

当前疫情中在线教学的种种举措及其表现充分地显示，目前对于什么是真正学习、什么是有效在线教学等基本问题的认识还不全面。在线教学促进学生高效学习和有成效学习，切忌形式主义；在线教学必须发挥自身优势，与线下教学协同发展、融合发展、整体发展，真正促进教育信息化发展。

一、技术与教育的关系

技术推动的学习模式被普遍认为是21世纪学习发展的趋势。进入21世纪，我国教育信息化建设与发展受到了高度重视，并取得显著进展。"三通两平台"即宽带网络校校通、优质资源班班通、网络学习空间人人通，教育资源公共服务平台、教育管理公共服务平台的创建及基本成型，逐步加快了信息时代的教育变革。疫情下全国范围内在线教学的出现，也是我国教育信息化发展的成果展现。然而，在线教学的可持续发展，显然不是技术本身所能够完成的。技术要成为变革教与学的力量，成为促进学习产生预期结果的要素，必须依靠教育者参与，依靠科学的理论支持。尽管当前人工智能技术与大数据技术等取得进展，但人们日益意识到，教育教学之中，机器还是替代不了教师。为此，需要慎重审视技术在在线教育或者教学中的作用和定位。

赵勇等教授在其《从不派人去做机器的工作》著作中，就技术与教育关系问题提出了一系列思考与建议：教师与技术之间的关系是建立一种生态系统还是用机器替代教师？在技术应用上，技术是消费的工具还是创造和生产的工具？在教育之中，究竟是希望技术提高分数还是提供更好的教育？技术究竟是一门课程还是一种数字技能？推行技术究竟是自上而下还是自下而上？这些问题非常有助于我们思考当前教育信息化发展的方向性问题，有助于我们加深对在线教学的认识和了解。

总之，在线教学发展需要考虑技术参与和运用，同样不能忽视技术之外的各种因素，尤其是教育与学习的本质要求、教师教育教学的专业素养以及教育治理的现代化水平。坦率地说，疫情下在线教学只是体现了信息技术的力量，还尚未展现教育教学理论要求、教师专业水平与教育治理能力。

二、现代教育理论的要求

学习是教育学的基本概念之一，学习科学已经日益成熟。毫无疑问，在线教学必须遵循教育发展规律，符合现代教育理论要求，以科学的理论引领在线教学的实践发展。

教育心理学要求教学为学习而设计。在线教学必须从学习立场出发，符合学生发展特点，符合学习规律与要求，体现区别于线下课堂教学的思维和方法，在线教学要成为高效实现教育与技术深度融合的表现。美国教育心理学家加涅的"信息加工理论"与奥苏伯尔的"有意义的学习"理论等，都能为如何运用技术开展教学与促进有效学习提供支持。现代学习科学研究"人是如何学习的"，十分强调优化的学习环境、能够促进知识建构、建立学习共同体、促进对话协商、鼓励社会参与等方面的要求，这对在线教学具有很直接的指导价值。

当代教学设计理论直接关注了如何支持在线学习。例如，美国学者莫勒与休特所编著的《无限制的学习：下一代远程教育》一书中，提出了支持在线学习的 10 条原则：促进学生之间以及师生之间的协作、相互作用和合作性联系；设计具有高度投入和主动学习特征的学习活动；示范并要求自我指导、责任和及时性；鼓励并支持学生访问和思考多种形式的信息；传达清晰的目标和高期望；尊重能力与多样化的学习方式；促进开放沟通、情感表达和群体凝聚力；促进和奖赏反思、评论与探究；设计并实施运用网络协作学习应用软件的活动；保证评价与预期的过程和结果相一致。这 10 条原则同样也是在线教学发展的准则。

此外，还需要以社会学视角审视在线教学发展，关注信息技术与教育整合的在线教学是否真正增加了教育的社会公平；以经济学视角审视在线教学是否改进了经费投入与产出结果之间的效率与效益问题。

总之，在线教学发展需要多学科的理论提供思想基础和发展指引，在线教学必须区别于传统的课堂教学。

三、需要教育政策支持

《中国教育现代化 2035》提出"加快信息化时代的教育变革"战略任务，提出要适应信息化不断发展带来的知识获取方式和传授方式、教和学关系的革命性变化，推动信息技术在教学、管理、学习和评价等方面的应用。显然，发展在线教学是国家教育现代化的需求，也是探索新型教学方式的体现，需要各种教育政策的支持和保障。

在线教学发展必须规避"学习危机"现象。世界银行发布的《2018 年世界发展报告》主题是"学习实现教育的愿景"。该报告提出，"学校教育与学习不是一回事"，"学校教育是学生在课堂上度过的时间，而学习则是指学校教育的结果，即学生在学校教育中的收获"；"应该重点关注学生是否学到了知识与技能，而不是仅仅强调学校的硬件设施如何或者学校就读的时间长短"；当前全球存在三大"学习危机"现象，即"惨不忍睹的学习结果：低水平、高度不平等和进步缓慢"；"学校未能提高学生的学习水平"；"教育体系未能为学校提供有效支持"。报告最后还就"如何规避低效学习陷阱"提出了四点建议：改善信息质量，建立联盟并强化行动者的动机，鼓励创新和灵活性，外部行动者为促进学习提供支持。这些论述对于我国发展在线教学具有很好的参考价值。发展在线教学必须注重规模、速度、结构、质量等之间的平衡，必须关注学生学习的真实结果与效果，这些要求需要体现在教育信息化发展的政策框架中。

在线教学需要建立协同创新的政策体系。在线教学需要各方面的共同参与，不仅需要政府、学校和教师的参与，而且也需要社会的认同与企业的广泛参与。为此，必须制定鼓励和支持社会与企业参与在线教学发展的具体政策，按照《中国教育现代化 2035》的要求，实现在线教育与在线学习的融合发展与共建共享。

在线教学需要改进教育治理方式与水平。在线教学形式区别于传统课堂教学，需要以新的教育管理思想和新的教育教学评价方式予以呵护、维护和支持。不论当前在线教学的实际效果如何，至少它使我们看到了网络教育与在线教学的可能与价值。疫情终将结束，在线教学则必须抓住契机深入发展，与线下学校教育教学相互促进、共同发展，成为信息化时代教育变革的重要表现。这就必须实现教育治理体系现代化和提升教育治理水平。

四、教师是在线教学创造者

教育发展，教师为本。教师是教育改革与发展的主力军，在线教学发展必须基于并依靠教师的参与和教师的创新与创造。教师不仅是教学者，也是学习者、研究者和创新者。这种观点不能只是停留在理念与口号上，必须体现在教师日常工作与生活实践之中。疫情中在线教学的产生，依靠了教师的力量，展现出当前教师广泛参与在线教学的实践能力和真实水平。

在培育高素质专业化创新型教师的过程中，必须提升教师信息化教育教学的创新精神和实践能力，将教师学习技术与运用及时技术有机地结合在一起，使他们主动而自觉地参与信息化时代的教育变革中，参与到在线教学的创新性建设，探索线下线上相结合的教育新模式，真正使技术成为促进教育发展和学生发展的重要载体。不断提升教师技术素养与技术能力，是教师培养与教师发展的重要任务。

教师要自觉提升主动运用实施教学创新的意识和能力，真正成为在线教学的创造者。政府和学校不仅要鼓励教师参与在线教学发展的过程，还要尊重教师工作的结果，满足教师在实施在线教学中提出的合理诉求，解决他们不能解决的问题。最为关键的是，管理部门和学校不应按照传统的管理思维与模式，规范、限制与评价在线教学的多样化发展。在一个"为未知而教，为未来而学"的变化时代中，包括在线教学在内的信息化时代教育模式，始终还在路上，需要依靠一线教师的不断探索与创造。

参考文献

[1] R.M·加涅，W.W·韦杰，K.C·戈勒斯，等．教学设计原理 [M]. 王小明，庞维国，陈保华，等，译．5 版．上海：华东师范大学出版社，2007:3−15.

[2] 高文．学习科学的关键词 [M]. 上海：华东师范大学出版社，2009:1.

[3] 莫勒，休特．无限制的学习：下一代远程教育 [M]. 王为杰，译．上海：华东师范大学出版社，2015:266.

[4] 世界银行．2018 年世界发展报告：学习实现教育的愿景 [M]. 胡光宇，赵冰，译．北京：清华大学出版社，2019:3−36，227−241.

[5] 珀金斯．为未知而教，为未来而学 [M]. 杨彦捷，译．杭州：浙江人民出版社，2015:1−20.

谈成人继续教育学院发展面临的困境及解决措施

侯亚楠

摘要： 在我国普通高等教育体系中，成人继续教育是其中的重要组成部分，在其发展道路中曾一度历经坎坷，存在着高光时刻，也陷入过低谷。随着时代的不断变迁，当前我国信息技术已经有了长足的进步，给人民群众日常生活带来便利的同时，也让成人继续教育学院传统的发展模式已经无法顺应时代的潮流，进行改革已是大势所趋。基于此，本文就成人继续教育学院的发展历程进行概述，并结合当前时代发展情况分析其发展道路中所面临的困境以及机遇，针对困境给出相应的解决措施，以求成人继续教育学院能够获得更为良好的发展。

关键词： 成人继续教育学院 发展困境 解决措施

当前已经步入了信息化时代，充斥着海量的知识信息，在这样的背景之下，终身教育理念在社会之中获得了认可，使得成人继续教育有了突飞猛进的发展。不同于其余高校，成人继续教育学院在施教条件、学习环境、教学方式及教学内容方面都有着较大的差异，故而在对成人继续教育学院发展方针进行改革时，应当充分考虑到成人继续教育的特殊性，根据实际情况来采取合理的措施促进其健康可持续发展。

一、成人继续教育学院发展概述

在新中国成立之初，为了全方位恢复生产，在经济建设中急需各方面的专业人才，教育部在高等教育改革方针中明确指出要大力发展成人继续教育，大力兴办成人继续教育学院，故而成人教育得以蓬勃发展。"文革"期间，高等教育面临着较为严峻的冲击，其中成人函授教育以及各类夜大都不得不停止办学，成人教育在发展道路中首次遭遇停顿使其。"文革"结束，我国相继恢复了社会基本秩序，成人教育也有着广阔的发展空间。在1986年之后，受到各类因素的影响，成人高等提升了入学条件，企业所采取的承包经营责任制职工在学习条件方面受到了较大的限制，价值成人教育质量不断下降，学员参与到成人教育学习中的积极性不断降低，使得成人教育再一次陷入到了低谷，在发展道路上出现了第一个改革周期。直至20世纪90年代中期，随着我国社会主义现代化进程的不断提速，相关政府部门及教育部门对成人教育的发展更为重视，这样一来成人教育再次迎来发展的良机，经过平稳的过度，到了21世纪，普通高等教育逐步开始扩招，社会各界对不同类型及不同层次的人才有着更大的需求。这样一来，具备学历补偿这一职能的成人教育就面临着较为严峻的考验，如何在便利的互联网信息技术之下调整成人继续教育的发展方向，是当前成人继续教育学院所要深入思考的一大难题。

二、成人继续教育学院发展所面临的困境

（一）成人继续教育学院面临着信誉危机

纵观我国成人继续教育，整个教育市场显得较为混乱，且成人继续教育

学院在不同地区的发展呈现出失衡的局面，加之不够规范的招生工作始终是困扰成人继续教育学院发展的一大顽疾，各类虚假宣传屡禁不止，使得成人教育学院的招生环境相对较差。同时受到我国基本国情的影响，人民群众对成人教育的重要性并未认识到位，认为成人教育学院的创立仅仅是用于增加自身的创收，不断地对招生规模进行扩大，但却并未做好相应的教学质量提升及学院内涵建设工作，这就使得成人继续教育学院在社会中的办学信誉度相对较低。

（二）教学"普教化"现象较为严重

"普教化"现象主要是指成人继续教育学院所采取的管理及教学模式和普通高校之间并未存在较大的差异，使得成人教育的独特性无法得到有效彰显，成人学员自身的主体性也无法凸显。成人继续教育学院所采用的教材和普通高校类似，由于成人教育学院所制定的课时数量远远小于普通高校，但教学任务及教学内容却差异不大，这就使得成人继续教育学院的教师要想完成相应的教学任务，就必须对教学进度进行充分的压缩，并基本采取教师直接灌输的教学方式，以求最大化地提升教学效率。但这样的方式却造成了成人继续教育学院变为了被动接受知识的一方，对成人学员的基本学习特点有所忽视，严重违背了成人继续教育应当遵循的学用结合、学以致用这一教学原则，使得成人教育无法在培养人才的过程之中将真正的功能及特性显现出来。当前大部分成人继续教育学院所配置的师资力量都是通过外聘获得的，往往是教师在成人继续教育学院及普通高校中身兼两职甚至数职，由于普通高校近年来逐步扩大了招生规模，这类教师工作任务也日趋繁重，无法分心照顾到两边的学员，这就必须做出一定的取舍，大部分教师会选择将大多数经历投入到普通高校的教学之中。整个成人教育依旧呈现出"普教化"，适合成人学员进行学习的课程体系也迟迟未能建立，教学方式较为落后，教学内容较为陈旧，无法彰显出成人教育的基本特色，对成人继续教育学院的良好发展极为不利。

三、成人继续教育学院发展所面临的机遇

（一）以危机为导向的发展机遇

成人继续教育学院在对成人教育体系进行改革时，会在非学历教育和学历教育之间、办学职能和管理职能之间以及强调规范和推动发展之间产生相应的矛盾，究其原因主要是因为成人继续教育自身所具备的逻辑被市场化逻辑所取代，成人继续教育无法在市场经济发展中满足相应的需求，产生了依附性及功利化的现象，进而诱发一系列的危机。根据历史经验能够得知，危机能够终结一项事业，但与此同时也能够促进事业对自身进行反思，从而推动其进步。故而成人继续教育学院在面对危机时应当进行理性的审视，主动寻找突围之路，通过危机为导向来探索到适合成人继续教育学院的正确发展方向。

（二）以技术变革为导向的发展机遇

当前我国信息技术水平不断提升，给社会各行各业带来了较大的便利。在这样的背景之下，成人继续教育学院可以采取新型的教学方式，在技术变革背景之下构建相应的专业技术教育平台及远程教育网络平台，以此来让网络课程资源实现共享，从而带给成人学员新颖的学习体验，同时也能够跟上时代发展，让成人工作和学习之间的矛盾得以化解。

四、成人继续教育学员发展的相应策略

（一）坚守质量，提升品质

对于成人继续教育学院而言，要想获得良好且持续的健康发展，就必须

让自身的办学声誉得以提升。学院相关管理人员应当尊重成人学员的主导型,对教学内容进行完善,对教学设计进行改进,对教学环境进行优化,加强师资力量的投入和培养,并树立以品质和质量为核心的办学理念,以此来促进成人继续教育学院的良好发展。

(二)创新模式,统筹全局

成人继续教育学院在改革过程中最为关键的便是对现有的教育管理模式进行创新,让相关管理人员的专业素质得以提升,达到科学化以及规范化管理。学院要坚守"文化、薪酬、成长"这一机制,以此来留住更多具备高素质的管理人员,并对教育战线所有员工的成长进行高度关注,以此来让社会中的有才人士能够参与到成人教育工作之中。同时成人继续教育学院还应当从全局进行考虑,让相关环节能够得以协调,从而推动各类工作的顺利开展。

结语:综上所述,随着我国教育体制的不断革新,传统成人继续教育也在时代发展过程中陷入了困境。当前大部分成人继续教育学院在社会中的信誉相对较低,管理模式及办学理念较为落后,这对成人继续教育学院的发展有着不利的影响。成人继续教育学院相关人员应当认识到这类问题的重要性,根据自身的实际情况来采取合理的措施进行解决,从而促进成人继续教育学院能够得到更为良好的可持续健康发展。

参考文献

[1] 李涛. 谈成人继续教育中存在的问题与对策 [J]. 品位·经典,2019 (12):81-82.

[2] 孔令强,林秀芳. 成人继续教育培训效果评估规范——基于福建省气

象部门的实证研究 [J]. 继续教育研究，2019(06):17-21.

[3] 张伟远，许玲，张亦弛 . 互联网时代继续教育和终身学习现状及需求——基于北京七个群体的调查研究 [J]. 河北师范大学学报 (教育科学版)，2019，21(06):91-100.

[4] 周联兵 . 新时代成人学历继续教育质量提升研究 [J]. 河北广播电视大学学报，2019，24(05):34-37.

浅谈成人高校会计人员应对人工智能的方法研究

金勇俊

摘要：如果会计从业资格证的取消影响了财务从业人员的态度，那么人工智能的出现可能会影响无数财务从业人员的职业命运。人工智能的引入将与会计核算工作融合，这样不但提高了工作质量还减少了人为的错误。人工智能有助于财务人员的工作，但它也是前所未有的挑战。人工智能时代需要专业的成人高校会计人才，本文提出了一些人工智能时代下成人高校会计专业如何培养人才的方案与途径，随着5G、大数据、互联网和物联网的发展，成人高校会计行业已进入了新时代。人工智能作为新的驱动力，通过构建"人机"互动，将彻底改变传统的会计领域，创新人才培养大势所趋。

关键词：人工智能 成人高校会计 人才培养

本文从该单位的实际工作出发，通过对人工智能和本单位会计工作的融合进行研究，分析会计人工智能对传统成人高校会计行业的影响和冲击，同时根据实际中人工智能带来的工作上的改变，从成人高校会计职业人员素质和人才培养方面来给出一些解决措施，其中一些还处于研究和讨论阶段，希望能帮助成人高校会计从业人员应对冲击和寻求转变。

一、会计人员面临的挑战

（一）人工智能的时代趋势

随着人工智能科学技术的不断发展，带动经济社会的变革如同海潮般汹涌而来。在这样的背景下，会计技术的发展和更新速度也变得越来越迅猛。传统落后的会计核算方式与当今时代出现的最新技术，在处理会计问题上出现了巨大的脱节，通过人工智能技术和会计行业进行深度融合，高速推动会计行业建立出更加科学的计算系统，并且也使会计工作的效率实现根本性的提升。

（二）会计人员将被人工智能取代

现今的会计行业人才已经趋于饱和，同时非会计人员通过自学也加入这个行业，行业供给需求严重失衡，这势必会给大量的会计从业人员带来就业上的压力。取消会计从业资格证书这一政策的实施，无形中将会提升会计行业的准入门槛，造成大量的会计从业人员下岗。现阶段，会计初级证书已经成为人们进入会计行业的基础，一旦这个证书被取消，将是对非专业人才的"大裁员"，那么人工智能的普及就是对专业人才的再一次裁员，而对于本身就业难度就比较大的会计工作者来说，更是雪上加霜。

二、成人高校会计人才应对人工智能的方法

（一）由内主动学习知识的能力

时代的潮流不断推进，中国社会环境日新月异，财务会计相关的政策制

度不断更新优化。现阶段所学的相关系统知识无法满足社会发展的需要，也无法一招鲜吃遍天贯穿整个职业生涯，因此财务人员更要注重自身的学习能力的提高，保持对新知识的热情，主动积极地学习先进的会计新知识以更新现有的知识框架，从而紧跟时代。

（二）会计人员要具备信息分析和处理能力

随着大数据技术、互联网技术、云计算、人工智能等技术的不断发展和创新，会计的工作形式和模式发生了某些变化。在人工智能的相关财务软件的帮助下，数据和信息得到有效的收集和分析，从而推进一系列基础性工作开展。人工智能使得会计的工作效率得到有效改善并且使人为错误有所降低，准确度和会计信息的实用性得到了提高。然而，隐藏的财务软件在人工智能时代所提供的相关数据和报告背后的深层次信息，需要财务人员进行挖掘分析，以提供给决策者有关可靠的数据。在此基础上，会计人员应逐步实现多层次、多维度的发展，着力培育其分析信息和数据的能力，从而提高自身核心竞争力。

（三）专业判断能力

社会经济的不断发展使得成人高校面对相对更复杂的经济环境，其中更新的会计内容也越来越多。人工智能时代下的会计核算工作不能仅限于一些基本的和客观的实际操作，现代财务会计人员不仅要有扎实的理论知识和业务能力，还应具有较高的专业判断能力，使他们能根据现今的经济趋势采取相应的对策，以帮助单位在激烈的市场竞争中获得优势，创造更多的经济价值。

（四）决策能力

人工智能时代使用的一系列智能财务软件就是对数据信息的整合分析。它采用的只是一些程序步骤和核算方法，不能充分发挥财务工作的管理职能。因此，会计人员还是有一定的优势的，在经济预测、企业决策、风险管理等方面的具有不可替代的作用。会计工作者应积极学习会计、管理、市场营销等方面的知识，并实现自身的可持续发展。

三、优化成人高校会计专业人才培养方案

（一）正确认识准确定位人才培养目标

人工智能的不断发展的今天，在会计核算工作的一些基本任务，比如在会计凭证和登记有关会计账簿，结账对账，财务报表的编制等。会计工作已逐渐被财务软件所取代，已逐步从政府会计转向政府会计和财务会计相结合的管理会计。在此基础上，成人高校应根据会计人才在当今社会的实际需要。随着市场经济的不断发展，要指导会计人员具有扎实的理论知识和拥有一定的职业道德，同时具有互联网思维最终发展成为一个全面的，综合的，创新会计人才。

（二）采取相应措施实现传统型会计向管理会计转型

伴随着科学技术的不断发展，人工智能取代传统的人工作业已经成为发展的必然和趋势，面对这样的情况，会计从业人员要努力的转变自身的定位，向管理型会计人才所转变。比如，会计从业人员应当尽可能地应用自身的知识，对单位的预算进行有针对性的控制，以此来帮助单位获得更加持续性的发展。单位未来的发展决策仅仅凭借人工智能技术是不能完成 的，虽然人工智能能够模拟人类的智慧，但其毕竟同人类智慧

还存在着很大的不同。

（三）注重寻找自身价值

会计工作人员要适应科技发展，重新寻找自身价值 另外，会计人员在面对人工智能快速发展的时候，也要跟 上时代的步伐，不断地充实自己，使自

己的潜力最大限度地释放出来。相关的会计从业人员要与时俱进，努力的适应科学社 会发展的趋势。比如，会计人员要将自身的精力放在技术创新 这个层面上，把自己的注意力更多地投入到科研和电算化学习上来。除此之外，会计人员还应当在发展的过程中让自己的价

值得以充分地展现与实际工作相结合确定新的工作目标。

（四）加强会计专业队伍的建设

为了充分发挥出人工智能的优势，成人高校会计工作者应当及时关注人工智能的行业动态，学习并掌握先进的会计知识和会计软件使用方法，对自身的知识框架和知识体系进行有效的更新和完善。同时成人高校应当注重会计人员计算机能力的培养和提高，定期开展一系列信息化技能培训，鼓励会计人员积极参与到相关职业培训中，从而不断提高会计人员的综合能力和信息化水平。

四、结语

综上所述，成人高校会计人员应当正确认识并准确定位职业培养目标，建立健全完善的电算化技能和专业知识体系，改革创新会计工作方式和手段，加强人工智能时代会计人员的队伍建设。

参考文献

[1] 丁锦红 . 人工智能冲击下的会计思变 [J]. 经贸实践，2017.

[2] 祝珊 . 人工智能与会计人员 [J]. 商场现代化，2016.

疫情之下成人在线教育的机遇与挑战

李雪晓

摘要：新冠肺炎疫情，是传播速度快、感染范围广、防控难度大的一次重大突发公共卫生事件。疫情使得我们的生活方式发生了翻天覆地的变化，各行各业都受到或大或小的波及。对教育行业，疫情的影响更是多方面、深层次的。我们要充分认识到疫情防控给成人在线教育的重大变革带来的机遇与挑战。疫情给我们带来教育的启示，即这个世界更需要行动者，尤其是智慧的问题解决者。

关键词：新冠肺炎疫情 在线教育 机遇 挑战

2020年春，新冠肺炎把所有的人都卷进了对生活、生命的重新感受之中。特殊的疫情，特殊的假期，也是老师和学生一生中特殊的成长经历。新冠肺炎疫情如今已演变成为全球性的公共卫生危机事件。受此疫情影响，各行各业都受到或大或小的波及。对教育行业，疫情的影响更是多方面、深层次的。在这种情况下，如何做好教育教学工作就显得尤为重要，更是考验智慧的关键时刻。

二月初，教育部针对性地出台了《关于在疫情防控期间做好普通高等学校在线教学组织与管理工作的指导意见》，要求各高校积极开展线上授课和线上学习等在线教学活动，保证疫情防控期间的教学进度和教学质量，实现"停课不停教，停课不停学"的目标。我校也根据教育部和区教委的相关规定制定了相应政策，及时开展了线上教学工作。

灾难给每个人都提出了解决问题的要求，每个人也都需要用自己的行动来展示解决问题的方案。通过线上教学实践，可以充分认识到疫情防控给成人在线教育的重大变革带来的机遇与挑战。

一、疫情之下成人在线教育的机遇

这是难得一遇的时机，教师和学生可以共同转变观念，学习方式可以发生革命性突破，真正开始混合式的、以学生为中心的教学模式变革。

（一）推进混合式教学的常态化

近几年来，我校一直在推行混合式教学改革。经过几轮实践，老师们已经熟练掌握了平台应用、资源建设、活动设计、学习评价等混合式教学相关技能，学生也熟悉并接受了线上学习模式，学习平台也已相当完善，这为此次疫情下顺利开展线上教学打下了良好的基础。通过此次大范围的线上教学实践，也为常态下混合式教学积累了线上经验。

（二）促进成人学习的自主性

学习自主性是指学习者能够规划和监控自己的学习行为，为自己的学习承担责任；并且能够参与决定应该学习什么内容，以及采取什么样的方式来学习这些内容。

在线教育中的学习主体是学生，并且对学生素质要求较高，他们必须有学习自主性，高度自律，有较强的自学能力，对新技术掌握程度较好。通过疫情期间进行线上学习，成人学生可以充分挖掘自身潜力，锻炼和习得各种自主学习技能和认知策略，有利于在未来社会中转变成终身学习者。

成人学生大多数是社会上的从业人员，有着较大的工作和生活压力，所以平时学习上存在的较大困难就是工学矛盾。而这次疫情使得学生有大部分时间被迫待在家里，也使他们有了足够的时间和精力来享受作为全职学生的乐趣，可以全身心地投入学习之中，提高对学习的自主规划、执行和反思能力。

（三）推动技术进步

疫情期间，能够大规模开展线上教学，得益于技术的发展与进步。以我校为例，老师们使用的部分学习平台如下表所示。

学习平台	平台举例	适合的学习活动
同步学习平台	企业微信、腾讯会议、钉钉、CCtalk、Zoom 等	短期内大范围的结构化知识传授
异步学习平台	朝阳社区学院在线教育平台、国家开放大学学习平台等、网易云课堂等	学生自主学习
互动平台	微信群、QQ 群等	实时互动与反馈教学、小组协作学习

同时，AI 技术与在线教育的融合也令人期待。目前，智能作业批改、人脸识别技术、AI 老师等基于"人工智能 + 大数据"的技术已经运用到在线教育的多元场景中。

此次疫情，全世界范围都在如火如荼地开展线上教学，这正是检验和推进技术进步的有利时机。随着"人工智能 + 大数据"等前沿技术的发展，在线教育技术和平台将逐渐为学习者建立专属学习模型，提供量身定制的学习规划与训练，帮助学生更合理地规划学习进程，从而实现因材施教，推动个性化在线教育普及。

二、疫情之成人在线教育存在的挑战

（一）技术限制

一是教师技术限制。疫情之前，有些老师并没有开展过线上教学，或者只是作为线下教学的辅助部分开展过，对各种平台的应用可能不是很熟练，这在当时完全不是问题，因为有技术人员贴心的支持与帮助。而此次的线上教学，在比较紧急的情况下全面铺开，并且老师几乎都是"单打独斗"，需要独立完成所有教学环节。

二是学生技术限制。本次疫情导致了全国性的封闭管理，有些学生被封在了网络环境不良、设备及资料缺乏的偏远地区，导致部分课程无法进行学习。

三是电子产品本身的技术限制。学生的身心健康一直是国家关注的重点，学生的视力健康更是国民体质监测的重要内容。疫情期间的在线学习，老师和学生所有的教与学过程均发生在网络环境、电子产品上，长时间不正确地面对屏幕学习容易造成视觉疲劳甚至视力下降，而受制于技术因素，该问题目前还没有较好的解决办法。

（二）教学活动限制

一是教学效果不受控。在课堂学习环境中，教学是有组织地引导学生学习的过程。教学环节系统化、教学方式多元化、教学反馈层次化，通过这些教学活动的有序开展，保证学习能够按照预定的教学目标有计划地执行。而在线学习很难重现线下课堂学习的组织性，教学效果主要依赖于学生的自觉性，有时甚至出现视频在放、学生不看的情况。

二是教学过程中的灵活性不足。在线下课堂，师生互动是教学过程中的关键环节，这些环节对活跃课题、调动学生主动性、及时答疑解惑、启发学生思考都至关重要，而线上教学很难灵活切换教学模式，缺乏启发性的交流，缺少对学生高阶认知能力的培养。

（三）心理限制

心理限制是此次疫情期间特有的现象。新冠肺炎疫情，传播速度快、感染范围广、防控难度大，使得我们的生活方式发生了翻天覆地的变化，我们的部分老师和学生可能面对的是家里无法入学的孩子、不明朗的就业前景、随之而来的经济压力等等，背负巨大的心理压力，无助、烦躁、紧张、焦虑等情绪无法排解。在这样的情绪下，教与学的效果可能都要打个折扣了。

良好的精神状态是战"疫"成功和社会心理重建的重要方面。面对疫情，拥有积极乐观的情绪、健康向上的心态、理性平衡的心理，也是一种强大的免疫力。

通过此次疫情，全民的科学素养和奋斗精神得到了强化，团结一心、同舟共济的家国情怀得到了升华。在疫情防控的后期和今后的一段时间，还需要继续涵养积极健康的社会心态，倡导科学文明的生活方式，进一步巩固强信心、暖人心、聚民心的社会氛围，将危机转化为继续推动社会进步的强大动力。

疫情，也给我们带来教育的启示。这个世界不需要抱怨者，尤其是那些对真实情境中具体问题的解决一筹莫展、怨天尤人的抱怨者；这个世界更需要行动者，尤其是智慧的问题解决者。而我们则要继续努力，让教育的明天变得更加美好。

参考文献

[1] 江景 . 基于新冠肺炎疫情防控的高职在线教学实践与思考 [J]. 南京广播电视大学学报，2020(1).

[2] 郭英剑 . 疫情防控时期的线上教学 [J]. 问题、对策与反思 . 当代外语研究，2020(1).

[3] 余胜泉，王慧敏 . 如何在疫情等极端环境下更好地组织在线学习 [J]. 中国电化教育，2020(5).

"疫情"期间课程线上直播的实践与思考

李英民

摘要：受新冠肺炎疫情的影响，课程在线上直播，为师生架起了一座教与学的桥梁，成为在"禁足令"下替代线下课堂教学的最佳选择。虽然教学存在空间阻隔，但因其形式新颖活泼，与年轻人的生活方式贴合，教学互动感强，一定程度上缓解了工学矛盾，推出后就赢得了学生们的欢迎。作为一种新的教学模式，线上直播如何选择适合成人教育的平台、如何设计好教学方法和教学内容、如何对学生进行有效的监控和教学评价等等，这些都给教师和教学管理者们带来了不小的挑战，当然实践中也有许多新的问题及新的规律值得思考和总结。

关键词：课程 直播 实践 思考

一、线上直播实践的背景

2020年的春天如约而至，但2020年的新学期却因突如其来的新冠肺炎疫情迟迟未能到来。"疫情"就是命令，为了响应政府"停课不停教,停课不停学"

的号召，教师们第一时间予以响应。大家各自为战，因陋就简，发挥想象力和创造力，努力尝试利用各种方式开展教学活动。课程通过线上直播就是众多方式中的一种。它利用互联网在教师与学生之间架起了一座教与学的桥梁，是"禁足令"下替代线下课堂教学的最佳选择。虽然相互间存在空间隔绝，但其形式新颖活泼，与年轻人生活方式贴合，适合各年龄段的学生，教学互动感强，一定程度上缓解了工学矛盾，推出后赢得了学生们的欢迎。但作为一种新的教学方式，也给教师们带来了不小的挑战，有许多新的问题及新的规律值得总结与探索。

二、线上直播平台及其选择

（一）关于直播平台

1. 腾讯会议

腾讯会议是一个基于互联网的视频会议系统。参会者可以直接通过小程序入会，利用手机、平板、电脑均可收看，能做到随时随地入会，可移动性、使用方便。针对教学主要提供了教师、学生双向音频发言、视频画面、实时屏幕共享、共享屏幕时可画中画传输、聊天留言、表情包等功能，但不支持过程回放。它的特点是参与人都可以音频发言，地位平等，现场感、参与感、互动性强。比较适合大学、成人继续教育及培训使用。

2. 腾讯课堂

腾讯课堂是一个基于互联网的教学系统。同一教师可以设置多门课程，互不影响。使用时需要安装客户端（教师学生都要安装），可通过手机、平板、电脑进入课堂。针对教学主要提供了教师音频发言、视频画面、实时屏幕共享、演示 PPT 和 PDF、视频播放、共享时画中画传输、聊天留言、表情包等功能，并提供过程回放。它还具有发言举手、出题答题、签到出勤状态统计、屏幕书写文字及简单图形等功能，设计上突出"课堂"的体验。此外，只有教师可以音视频出镜，学生发言要举手并征得同意，且只能音频不能出镜。严肃死板、互动性略差是其弱点，比较适合中小学的教学使用。

3. 企业微信

企业微信是一个基于直播的平台，即可用于会议又可以用于教学的系统。使用时可以不需要安装客户端，支持微信邀请进入观看，能做到随时随地入会，可移动，使用方便，用手机、平板、电脑均可参与。针对教学主要提供了教师音频发言、视频画面、实时屏幕共享、共享时画中画传输、聊天留言、回放等功能。但发言要举手，经同意后方可切入音视频，教学互动性体验略差。虽然个性化的设计不多，但会议、教学都可使用，通用性比较强。

（二）直播平台的比较

1. 功能比较

1）共享屏幕功能

企业微信、腾讯会议都具有共享屏幕功能，腾讯课堂除此之外，还单独设计了 PDF、PPT、视频播放的功能，但各功能间的切换不够顺畅，多出的功能可通过共享屏幕来实现。

2）画中画功能

三个平台在共享屏幕时都提供了画中画功能，且使用方便，效果良好。

3）互动功能

聊天留言、表情包三个平台都有，也是教学互动的主要方式。提问发言环节，企业微信须征得教师同意学生方可进入，与腾讯课堂举手发言大同小异，二者都强调课堂秩序，强调教师的主导地位。企业微信可同时切入学生的音视频，腾讯课堂只能音频不能视频，企业微信现场感更好。腾讯会议学生可以随时打开麦克风发言，随时视频头像切入，教学互动与平等参与方面感受较好。

4）回放功能

除腾讯会议不支持过程回放外，其他两个平台都具有回放功能。回放对教学虽有必要，但在对教师课程的知识产权保护方面，它们在设计上都存在着漏洞和缺陷。

2.教师操控便捷性的比较

企业微信、腾讯会议的教师端操作简单，按钮控制方便。而腾讯课堂按钮较多，操作易分散教师的上课精力，单独提供的PPT、PDF、视频播放功能，相互间转换速度慢，更放大了使用不方便的弱点。

3.学生使用方便性的比较

从学生使用后的反馈看，三个平台都提供了手机、平板、电脑端的使用模式，除腾讯课堂需要下载客户端外，企业微信、腾讯会议不用安装客户端就可直接进入，使用方便、移动性强。腾讯会议没有提供过程回看功能，对学生略感不便。教学互动方面，聊天留言、表情包三个平台都能满足需求。腾讯会议由于具有音视频出镜、发言不受限制的特点，现场感互动感最好。

4.直播成本的比较

如果学校建立了企业微信，其使用没有成本。而用腾讯会议、腾讯课堂在疫情期间免费，未来使用收费是确定无疑的。所以从使用成本看，企业微信最经济，也具有长期使用和普遍推广的价值。

（三）直播平台的选择

突出"课堂"体验，提供了屏幕书写、举手、签到出勤统计等功能，腾讯课堂名副其实。它强调课堂纪律，以教师为中心，注重教师的主导地位，即使互动也要遵守课堂纪律，因此更适合中小学的教学使用。

腾讯会议是面向会议开发的，畅所欲言随时互动是其特点，教与学没有主次感，没有距离感，交流方便。它强调教师与学生的平等参与，因此更适合大学、成人继续教育以及培训的使用。

企业微信是为"直播"而设计的，强调主角的播，受众是配角，它的互动性并不逊色，突出主角也不忽视配角，用于教学其功能不温不火，介于腾讯会议与腾讯课堂之间，适用范围更加宽泛。

以上三款直播平台，从使用便捷性看，腾讯课堂操控略显烦琐，对于中老年教师来说不太方便。从使用成本看，企业微信无须付费，经济实惠。从提供的功能看，各平台大同小异又各具特点，满足课程线上直播都毫无问题。

三、线上直播教学的整体设计

（一）关于直播间的布置

直播没有教室，但"直播间"的设计会对教学产生一定的影响。特别是在疫情期间，人们或多或少会有些焦虑感，温馨的环境设计可以缓解学生的情绪，有利于促进教学效果的提升。良好的直播间布置对以"板书"、教师必须出镜的讲授方式（录屏可不考虑）尤为重要。实践中"直播间"里设计了黑板、国旗和一些小饰品，如京剧脸谱、卡通人物等。通过营造温馨轻松的学习环境和氛围，在一定程度上舒缓了学生的情绪，学生体验及反应良好。

（二）关于直播教师的着装

直播教师需要出镜，良好的形象是对学生的尊重。特别是在疫情期间，教师的自信、教师的乐观情绪可通过着装传达给学生。实践中教师以"格"字系列的着装出镜，并以暖色系为基调，不定期更换，这种设计向学生传达了教师乐观向上的精神状态，也坚定了大家战胜疫情的决心。

（三）关于直播前的通知

师生都按计划参与课堂教学，按时上课按时下课，管理常态化、规范化。线上直播师生空间隔绝不能面对面，特别是对成人学生，在家学习的同时，还要照顾孩子料理家务，时间概念、专注度都与线下的课堂教学感觉不同。课前让他们了解教学安排尤为重要。通过实践体会到,在微信群发"通知"是最好的提醒方式。在设计上,新生与老生、实践课与理论课、新课与复习课,其通知的内容都要有所区别,目的是让学生对所开课程、教学方式做到心中有数。当然除了教学方面的告知外,温馨的提示、提振士气的鼓励也很重要,不仅能缓解学生情绪,也能拉近老师和学生间的距离,增进彼此感情,像"戴好口罩、做好防护"的温馨提示,"时间不等任何人,只有行动才能驾驭它!","与大家一起奔跑,让我们共同努力!"的鼓励,会增加学生对你课程的接受与期待程度,实践后感觉效果良好。

(四)关于直播的教学互动

线上直播不同于课堂教学,像在教室里常见的学生抢答、搭下茬儿等场景,直播中是不可能出现的。对于教师,隔空讲课体会不到学生的心理变化和心理活动,对学生是否在听,是否听懂,是否接受不得而知,因此讲授过程会发虚会没有底气。对于学生,听课所受干扰也较多,精力不易集中,"走神儿""溜号儿"的现象也时有发生。教师要充分利用好直播平台提供的音视频应答、聊天留言、发送表情包等功能,增加教学互动性。通过设计不同的问题,主动出击增加提问频次,始终拉住学生,这也是实现直播效果最大化的关键。当然通过问答互动,教师也能了解学生的听课状态,了解讲授的效果。实践后感觉学生由不情愿到积极参与,由羞于启齿到乐于表现,在提高教学效果的同时,也提升了学生的自信。

(五)关于直播的时长和内容

线上直播是一种新的模式,教学双方都有一个适应过程。在教学时长的控制上,要考虑学生的听课环境,考虑学生听课的专注度。通过实践感觉,一个单元控制在30分钟以内为宜,否则授课的效果会随时间的延长而降低。在教学内容的安排上,要因课程施策,因班(人)施教,一节课中新知识、新内容不宜过多,涉及难度不宜过大。

四、线上直播实践后的思考

（一）直播需要关注学生的专注度，调动学生的学习积极性

学生在家收听收看线上直播，其专注力会比线下课堂差。究其原因主要受家务、孩子以及人的惰性所致。要提高线上直播效果，教师不能只顾埋头讲课，还要关注学生的听课状态。通过合理筹划、精心组织适合线上直播的教学活动来吸引学生、调动学生，提高他们的注意力及专注度。教师要熟练驾驭好直播平台提供的互动功能，增加问答、练习、课上讨论的频次，始终以活动引领教学进程。此外，也要加强对学生的正确引导，让学生积极主动调整状态，以适应课堂教学向线上直播的转变。

（二）直播需要与线下课堂教学相互协调，做到两者的有机融合

随着疫情控制的常态化以及5G网络的发展，线上直播在未来的教学中所占比例会越来越大，特别是在成人继续教育领域。由于直播的弱点，某些教学内容和教学环节还不能完全取代面授教学。因此处理好线上与线下的关系，合理调配各自承担的教学任务，合理安排教学时长，设计通用性强的教学监控、考核评价方式，都需要在实践中不断探索、不断完善。

（三）直播比线下课堂教学灵活度高，可在一定程度上缓解工学矛盾

线上直播是"停课不停教、停课不停学"在疫情期间的最佳选择。线上直播有时间可以灵活把握、空间要求不高的特点，它也为解决成人教育"工学矛盾"提供了新的思路。由于上课时间可以灵活调整，又节约了通勤时间和交通成本，且只要有手机在手，就可以随时随地上线学习。线上直播教学的特点及优势，学生体验后都给予了很大程度的认可，出勤率也有所提高。

（四）直播受设备、传输质量影响大，应制定预案加以应对

通过直播实践，各平台的功能都比较成熟稳定，都能较好地完成线上教学任务。但直播中也会出现卡顿、屏幕模糊等现象，一定程度上影响了教学效果。其原因主要是信号流量和收看设备出现的问题所致。实践中断线、直播中断的极端情况也偶有出现。建议直播前要做好预案，准备多个设备、熟悉多个直播平台，以应对和降低设备、传输信号等技术问题对教学产生的影响。

总之，课程在线上直播是新鲜事物，需要改变和适应的东西很多。它涉及教学参与者的心理调整，涉及考试考核方式的改变，涉及教学管理、监控方法的与时俱进，更需要新技术新设备的不断推出予以支撑。线上直播的种种未知，需要教学参与者们的努力探索，以便进一步推动线上直播的发展和教学效果的提升。

基于网络直播的朝阳区职工大学
混合式教学研究

林　群

摘要：随着互联网技术和移动设备的快速发展，采用线上与线下相结合的混合式教学已经成了现代化教学的重要组成部分。网络直播是实现线上教学的有效途径之一。本文比较了三种直播软件在教学中的各自特点，详细分析了直播教学的优势与劣势，旨在为我校的混合式教学提供思路与方法。

关键词：网络直播 混合式教学 对策

随着互联网、人工智能等信息技术的快速发展应用和移动设备的普及，信息化时代的教育方式也在不断改变，不断更新。2019年印发的《中国教育现代化2035》和《加快推进教育现代化实施方案（2018—2022）》一再提出加快推进教育现代化，利用现代技术推动人才培养模式变革，建设智能化校园，提高教育质量，优化教育结构。在依托信息技术的教育改革浪潮中，结合面授教学和线上学习的混合式教学越来越受到教育者的重视。2020年上半年的新冠疫情在国内的蔓延更使得信息技术成了实现"停课不停教，停课不停学"的重要手段。其中利用互联网开展远程直播互动教学，是实现课程教学的有效途径之一。

我校近些年一直推进英语混合式教学。教师们由初期使用QQ空间、飞信、微信、微课到现在从清华大学引进的教学平台，整个教学体现出了互联网与教育融合的特点。此次疫情中，远程直播互动教学也为我校混合式教学和在线教育提供了新的元素。

一、网络直播教学

何谓"直播课堂"？直播课堂的本质是将直播教师现场发生的教学内容，以某种载体形式实时地（或适当延时）通过网络技术发布给学习者。根据直播对象人员关系的不同，可以分为1对1直播、1对多直播、多对多直播等（倪俊杰等，2017）。

直播技术在2016年开始兴起，以其实效性、真实性、互动性和个性化逐渐吸引了大众目光，进入了人们的生活。而后教育直播逐渐兴起。一些机构与教师纷纷采用直播形式进行教学，并取得了很好的教学效果。根据2019年中国互联网中心（CNNIC）发布的第43次《中国互联网络发展状况统计报告》显示，截至2018年12月，中国在线教育用户规模达20123万人，在线教育用户使用率达24.3%，较2017年底增长29.7%，其中，手机用户与2017年底相比增长63.3%，这说明在线教育在我国处于快速发展阶段（杨姗姗，龙秋菊，2019）。由于新冠疫情的突发，全国大中小学生无法正常开学，在线教育用户数量与以往相比有大幅增长。而且，5G时代的到来，也必将带来更高质量、更为流畅的视频传输和通话体验，使得教学体验更为真实、高效。

目前常见的教学直播软件有腾讯课堂、腾讯会议、钉钉、YY教育、企业微信直播、雨课堂等，这些软件的直播功能较为完备，都具备视频、语音、图片、屏幕共享、讨论等功能，为教学直播提供了较好的技术支持，能够满足疫情下学生只能在家学习的需求。

二、软件比较

疫情期间，笔者分别使用了三种不同的直播软件：企业微信直播、腾讯课堂和腾讯会议。这三款均为腾讯公司旗下软件。腾讯公司是中国最大的互联网综合服务提供商之一，2020 年 3 月，腾讯公司成为联合国全球合作伙伴，为联合国成立 75 周年提供全面技术方案，并将通过企业微信、腾讯会议和腾讯同传在线举办数千场会议活动。其技术优势可见一斑。

参与直播英语教学学生人数达到 320 余人。现将其优劣势比较如下表。

	企业微信直播	腾讯课堂	腾讯会议
是否需要下载软件	不需要	不需要	不需要
终端使用	手机、电脑均可，但手机不能共享屏幕	教师端只能用电脑	手机、电脑均可
是否可以连接麦克风	可以	可以	可以
是否可以回放	可以	可以	不可以

相比较而言，这三个软件都能满足疫情之下的网络教学，开课与学习非常方便，学生不需要特意下载软件，直接点击教师分享的链接就可以进入，同时支持 PPT 同步演示、屏幕分享等，很大程度上模拟了线下教学，为学习提供了真实的课堂情境体验。细分之下又有其各自的优缺点。

腾讯课堂作为专业教育软件，其课堂功能最完备，有签到、画板、举手、提问、答题等功能，这一点上胜出其他两个软件，但是腾讯课堂的教师版没有手机版本，只能在电脑上才能发起直播。

腾讯会议的互动功能最强大，学生有问题可以自己打开麦克风，直接发言，免去了腾讯课堂和企业微信的申请环节，非常方便。而且可以在手机上发起直播，共享屏幕。但是腾讯会议作为会议软件，不具备回放功能，在教学上稍有遗憾。

企业微信直播也比较方便，可以文字提问，可以回放，但是手机直播时无法共享屏幕。

三、在线直播的优势与劣势

（一）优势

以往的在线教学，多半采用录播形式，虽然说比起以往单纯面授来讲，相对灵活，可以使学习者随时随地进行学习，但也有交互性不强的缺点，容易让学习者觉得枯燥，参与性不强。相比较而言，远程直播具有下列优势。

1. 灵活性

参与直播的学生不受空间的限制。有些软件具备回放功能，使得时间的限制也越来越小，通过回放，学生还可以重复学习，提高学习效果。而且除了常见的 PPT 课件教学之外，教师还可以调用各种多媒体资源，如语音、文字、图片、视频、音频等，极大地丰富了教学内容。

2. 即时性

直播课程是实时传送的，教师与学生同时在线，通过视频，学生可以获得与在教室上课相似的参与感，这是录播在线教学无法比拟的地方。

3. 互动性

在直播课堂上，师生间可以通过文字或语音进行实时交流，学生能随时提出问题，教师也可以看到学生的反馈，并对学生不懂之处进行及时反馈与讲解。

（二）劣势

1.对学习者的自律能力要求比较高

诚然，在线直播与录播相比有互动性强的优点，但同时也对学习者的自律能力有了更高的要求。课堂面授时，学生是否出勤，有目共睹，而且教师对其听课的认真程度有直观的感受。但是在网络教学情况下，教师无法了解网络那一端的学生是否只是挂在网上。或者人在电脑旁，心思却在忙于其他。大部分成人学习者的自我约束力和自我控制力较弱，难免出现一些浑水摸鱼的现象。看起来直播课人数众多，但实际听课效果不佳。

2.直播教学节奏难以控制

面授课堂上经验丰富的教师可以根据学生回答问题的迅捷程度、正误与否，甚至是细微的面目表情等及时调整教学节奏。而在直播中互动的即时性和直观性不及面授。有的软件的互动需要一定的步骤才可以实现，学生的反馈不及时，这使得直播教学更多的是教师的一言堂，几乎完全是教师凭感觉来完成整个教学。

3.教师的操作技能与适应性的制约

一部分年龄较大的教师对直播软件和计算机操作技能的掌握程度较低，不能顺畅地完成直播教学任务。另外教师需要时间来适应直播教学。平素的课堂教学中，教师可以安排学生做练习，可以提问学生，可以在教室中踱步，但是网络直播教学大部分情况下将教师束缚在电脑前的座位上，在讲课的同时，眼睛还要兼顾对话框中学生的提问，直播初期很难做到大脑、眼睛和嘴巴协调一致。

4.软硬件条件的制约

虽然说网络直播摆脱了传统的粉笔、黑板、PPT的教学方式，看似灵动多样，但是在根本上受到了硬件设备和网络条件的制约。直播教学需要计算机、摄像头和话筒等设备，缺失硬件是造成直播教学无法顺利实现的重要因素之一。笔者的台式电脑平时处理文件毫无障碍，但在直播软件这块试金石之下才惊觉电脑已然超期服役，目前垂垂老矣。同时，对所使用的互联网带宽有一定的要求。在疫情初期，各种直播软件"崩了"的新闻不绝于耳，毕竟全国学生同时上网课，没有哪个软件能承受这么大的访问量。此外，师生任何一方的网络出现问题，都会使所有的直播优势归零。另外，直播环境也非常重要，家中如有太小的孩子无人看管，教师也是分身乏术，无法直播。种种条件制约之下，顿觉传统方式有其洗去铅华、返璞归真的不可比拟的优点。

四、基于直播的混合式教学对策

随着网络技术和移动终端的快速发展，通过互联网开展网络教学已经是大势所趋，必然成为教学改革的重要内容。而与其他形式的网络教学相比，网络直播教学有其不可比拟的即时互动性和课堂仿真性的优点。可以考虑在我校的英语混合式教学中采取"线上网络直播＋线下面授教学＋微信群指导"的方式。通过网络直播，讲解课文内容和相关语法内容；线下面授设计多种环节，进行语言操练；微信群随时解决学生学习过程中的疑难问题。相信通过这三个环节，可以全方位为学生提供优质教学服务。

（一）线上直播

在教学平台上发布直播课程预告，并将直播课程预习资料上传到教学平台，学生课前阅读并进行预习。

在教学平台上发布自学测试。根据单元主题和测试题目性质，设置客观题和主观题。尽量多设置一些客观题，通过自动评阅，即时给分，让学生了解知识掌握的程度。

网络直播课，教师围绕教学重难点对对话和课文进行讲解。也可以布置练习题，检验学生的学习效果。学生有疑问时，可以在讨论区输入文字提问，教师看到学生反馈后，可以进行解答；也可以使用语音功能，学生直接发言，使得互动更为便捷。学生因为某种原因未能参与直播学习，也可以在适当时间利用回放功能进行学习。

（二）线下面授教学

线下教学侧重能力提升，是直播课堂理论知识的转化。教师围绕单元主题设计不同练习任务，尤其是听说任务。另外，课堂面对面教学中的师生情感交流，包括目光注视、形体语言和课间交流所带来的对学生学习热情的激励，是网络直播无法实现的，所以教师应当充分利用课堂教学的这一优势。

（三）微信群指导

随时进行课后辅导和答疑，及时解决学生的困惑。

五、结语

随着 5G 时代的来临，未来网络教育将不断优化学习体验，教师也应当投入更多精力进行教学安排和教学支持，以提供更好的教学服务。

参考文献

[1] 倪俊杰，丁书林 .O2O 直播课堂教学模式及其实践研究 [J].3 中国电化教育，2017(11):114–118.

[2] 杨姗姗，龙秋菊 . 基于在线直播课的大学英语 "线上线下" 混合式教学模式研究 [J]. 百色学院学报，2019(6):135–140.

修德　精业　协同　成长

——"十四五"时期朝阳社区学院学校文化升级的思考

刘凤芹

摘要：文化是一个学校的灵魂，文化兴学校兴。朝阳社区学院在40多年的发展过程中积累了较厚重的学校文化，但要解决"十四五"时期的新问题，学校文化需要在继承的基础上升级，校训是学校文化的集中体现，在原校训"致学致用，成就成人"的基础上增加"修德精业，协同成长"。

关键词：修德精业　协同成长　朝阳社区学院　文化

"文化是一个国家、一个民族的灵魂。文化兴国运兴，文化强民族强。没有高度的文化自信，没有文化的繁荣兴盛，就没有中华民族伟大复兴。""文化自信，是更基础、更广泛、更深厚的自信。""坚定文化自信，是事关国运兴衰、事关文化安全、事关民族精神独立性的大问题。没有文化自信，不可能写出有骨气、有个性、有神采的作品。"习近平总书记在不同场合对"文化自信"的论述,让我们认识到文化对民族复兴、民族独立、民族精神的重要意义。

这些论述对学校文化建设有着根本性的指导作用。文化是一个学校的灵魂,文化兴学校兴;一个学校的文化是在学校的发展历程中积淀而成的精神追求,代表着这所学校独特的精神标识;没有文化凝聚力的学校,不可能解决好"培养什么人、怎么培养人、为谁培养人"这一教育根本问题。

由不同学校合并而成、直接服务社会教育需求的朝阳社区学院成立40多年以来,对朝阳区和北京市的成人继续教育做出了不小贡献,曾经历过令人难忘的辉煌时期。但随着社会的快速发展变化,人们的教育需求发生了改变,虽然学校一直在积极探索,寻找出路,但"十四五"时期学校面临的重新定位、功能转型的挑战越来越严峻。

越是在这样的关键时期,我们越要审视自己的"灵魂",升级学校文化,用更先进的文化引领方向、提振精神、凝聚力量,更自信地面对新任务、新要求、新机遇、新挑战,办成高站位、准定位、实力强、质量高、受欢迎的区域终身学习与可持续发展教育基地,并为国家的成人教育事业发展贡献智慧和经验,在主动作为、积极担当中创造新的辉煌。

一、朝阳社区学院发展过程中的学校文化变迁和积累

朝阳社区学院又名朝阳区职工大学,其前身为"七二一工人大学",于1976年建校,当时归属区工交组(部)。1980年,经北京市检查、验收,更名为朝阳区职工大学。1982年,在原中央教育部备案,成为一所地区高等学校。随着市场经济和社会发展的需要,1996年,经北京市教委批准试办社区学院。1999年朝阳区教育资源整合,朝阳区职工大学(朝阳社区学院)、北京电大朝阳工作站、朝阳师范学校合并,成立新的朝阳区职工大学(朝阳社区学院)。

这是分属于三个教育领域、办学性质完全不同的三个学校的整合。工人

大学（职工大学的前身）是业余工人学校，开展成人继续教育；电大朝阳工作站是北京广播电视大学下设的办学机构，开展远程教育；朝阳师范学校则是师范类中专校，开展全日制中等师范教育。办学性质不同决定了各学校文化的独特性。虽然校名改了，但原学校的文化烙印已或深或浅地刻在老师们的心脑中。合并后20多年的现在，也还有一些老师会不经意间回忆起原来学校的领导风格、学校风气、人际关系等。

这种现象很正常。人既生活在自然中，又生活在特定的社会和文化环境中。每个人类个体都要受特定文化的深刻熏陶与影响，并在特定文化氛围中成长、成熟，形成符合特定文化要求的世界观、价值观、人生观，采用与特定文化相协调的行为方式。因此，生活、工作在不同文化背景中的人，在思想意识、行为规范、生活模式等方面必然存在差异。

同时，我们也要承认，在继承原有文化精华的基础上，人类又借助于自己的主观能动性，不断地创造出新的价值观念、思维方式和行为规范，丰富自己的文化，推动文化和社会各项事业的进步。三所学校整合为一所，不管主动还是被动，所有人都会向现名称的学校文化靠拢，创造出新学校文化。因此，学校整合后在第一时间有意识地重构了学校文化。特别是在1999年以来20多年的发展历程中，学校的物态文化、制度文化、心态文化积累越来越丰厚。

学校先后制定或形成了切合自身特点、便于建立终身教育模式的办学宗旨、办学原则、办学方针、专业设置原则和工作方针，已形成终身性、社会性、时代性、灵活性、应用性、服务性的办学特点，正在不断强化专业性、研究性。体现学校性质和办学目标的校训"致学致用，成就成人"，激励着全校教职员工积极投身成人学历教育、成人培训、社区教育工作，激励着一批批学员克服工学矛盾，学以致用，实现理想。

在"以社区为依托、以改革为动力、以教学为中心、以质量求生存、以特色谋发展"的学校办学理念指导下，教职工走出学校，置身社区、走进工地，开展社区教育、法制教育、下岗失业人员再就业教育、流动人口教育、居民素质提高和健身与休闲知识培训等，形成"短、平、快"为特点的定单式、菜单式成人教育模式；将社区教育资源设备与学校教育资源设备共融、共享，为开展健康向上的居民文化生活、文体活动创造了必备条件。

成人学历大专、专升本、老年学历班、社区骨干志愿者培训、送教到社区、家庭教育指导、公务员初任培训、街乡教育督导、"十三五"时期朝阳区教育发展规划编制、终身学习、"朝教 E 学习"平台、体育馆、小花园，等等，已成为朝阳社区学院的文化符号。

二、"十四五"时期朝阳社区学院学校文化有待升级

按我国《在线汉语字典》的解释，文化，广义指人类在社会历史实践中所创造的物质财富和精神财富的总和。狭义指社会的意识形态以及与之相适应的制度和组织机构。每一种社会形态都有与其相适应的文化，每一种文化都随着社会物质生产的发展而发展。社会物质生产发展的连续性，决定文化的发展也具有连续性和历史继承性。

文化升级是适应新时代、新需求的物质文化、精神文化的提升。本文的学校文化升级主要指，根据"十四五"时期社会和教育发展需要，在继承学校已有文化的基础上，对学校校训进行创造性改进，进而促进学校制度的进一步完善，学校办学条件和校园环境的进一步优化，以及教职员工和学员的行为改变，使学校在新时代焕发出新的生机。

综合考虑，原校训"致学致用成就成人"可扩充为学校的办学宗旨，即"致学致用，助力区域经济社会发展；成就成人，服务社区居民终身学习"。同时，以"修德、精业、协同、成长"为体现学校核心价值观的校训，将"立德树人"、社会主义核心价值观、现代科技应用、终身学习成长等理念深植于学院全体教职员工和学员心脑和行为之中，落实到学校各项制度和实践中。用"修德、精业、协同、成长"这一核心价值观引领学校在新时代更好地转型创新发展。

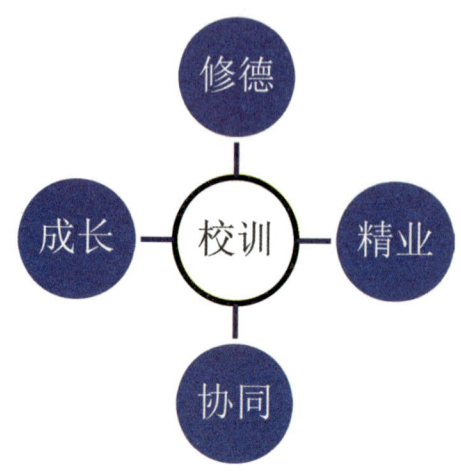

（一）以"修德"落实"立德树人"根本任务

在 2018 年 9 月的全国教育大会上，习近平总书记强调，我们的教育必须把培养社会主义建设者和接班人作为根本任务，特别关键的一点，就是要把握好"培养什么人"这个教育的首要问题。育人的根本在于立德。"才者，德之资也；德者，才之帅也"。立德树人的"德"，应该是"大德、公德、私德"之总称，包括政治、道德、法律，即理想信念、道德品质、法治素养三个方面。不论什么类型、什么性质的学校，培养的人都要有正确的世界观、人生观、价值观，胸怀远大的理想信念，遵纪守法，做到"爱国、敬业、诚信、友善"。成人教育学生或学员、社区志愿者、社区工作者都要自觉"修德"。

立德树人，师德为先。只有教师拥有良好师德，才能成为先进思想传播者、党执政的坚定支持者、学生健康成长的指导者。从事成人教育、社区教育的老师一样需要加强自身道德修养，严于律己，以德立身、以德立学、以德施教、以德育德，把正确道德观言传身教地传授给学生，全心全意做学生锤炼品格、学习知识、创新思维、奉献祖国的引路人。

因此，有必要将"修德"增加为学校校训。一方面，引导所有教职员工将"修德"作为日常功课，为学生、学员树立明大德，守公德，严私德的榜样；

另一方面，也让所有来到社区学院学习的人意识到学校对品德修养的重视，提醒他们自觉约束自己的言行；最后，将"以德立校"发展成教职员工和学员认同、社会认可的学校文化符号。"修德"文化会使学校整体氛围更加和谐。

（二）以"精业"践行社会主义核心价值观

"敬业"是社会主义核心价值观的个人层面的内容，表示一个人对自己所从事的工作及学习负责的态度。"敬业者，专心致志，以事其业也"，爱岗敬业是社会主义职业道德的最基本要求，"敬业"属于"德"的范畴。

"精业"的含义是认真负责、精益求精、高效完美地做好自己的工作，是"敬业"在行为和结果上的体现，是"敬业"的归宿和升华。做不到精业，敬业也将失去意义。"精业"情况可自己评估，也可学校制定指标进行评估。社区学院的教职员工对待自己的岗位工作，学生对待自己的学习，都要按比合格更高的标准来要求，由"敬业"升华到"精业"。

"业精于勤，荒于嬉；行成于思，毁于随"，勤奋、勤勉是精业的重要途径，因此，精业的前提是勤业。一般来说，人们乐于勤勤恳恳、精益求精对待的工作是那些"有变化、适度而有弹性的挑战，目标明确，有立即的回馈"的工作，因此，学校在工作安排方面也要尽量做到人尽其才，将合适的人放到合适的岗位。学生选择学习的专业也要知己知彼，量力而行。

"精业"也指学校层面从学校定位、专业设置、专业发展、社区教育、家庭教育、教育研究、教师队伍建设到学校管理与治理各方面制度、工作的专业化、精细化、高效化，将成人学历教育、非学历教育等各项事业做精做强，使朝阳社区学院的文化符号更亮、更多。

（三）以"协同"回应学校办学性质和互联网时代特征

协同论认为，千差万别的系统，尽管其属性不同，但在整个环境中，各个系统间存在着相互影响而又相互合作的协同关系，如不同单位间的相互配合与协作，部门间关系的协调，企业间相互竞争的作用，以及系统中的相互干扰和制约等。很多企业的实践，让我们得出一个判断，核心不是分享，是协同。只有通过不断地协同，做出相应的知识分享，协同的效率才更容易产生价值。"金字塔"式的组织结构不断向扁平化演进，诞生了很多新型组织结构，这些新型的组织结构，究其背后的驱动因素，其实都是为了调整协同，调整组织的柔性能力，以获得更高的效率。"组织是两人或两人以上，用人类意识加以协调而成的活动或力量系统"。在21世纪的今天，组织的发展变化呈现以下5个特点：强个体出现，组织与个体之间关系改变；强链接关系，影响组织绩效的因素由内部转向外部；技术创新与技术创新普及的速度加快，驾驭不确定性成为组织管理的核心；组织不再具有"稳态"结构；"共生"成为未来企业组织发展的进化路径。在共生时代，组织获得系统整体效率成为关键，协同管理，可以让系统整体效率最大化。因此，协同必然包括组织内协同和组织外协同。

作为承担区域成人教育与社会教育、社区教育的组织，朝阳社区学院也需要有效应对"强个体出现、强链接关系、不确定性、非'稳态'结构、共生时代到来"的挑战。为此，要大力推进学校"协同"文化建设，强化"协同的意愿、共同的目标与信息沟通"这三个使组织得以存在和发展的关键要素，通过充分的沟通与交流，使得学校共同目标与协同意愿能够较好地融合在一起，全体教职员工协同完成学校目标。同时，完善协同体系，重构学校价值观和文化、行为规则、责任体系和角色认知等，使每一个"共生系统"中的主体都要在机制创新、工作协同、内外资源整合中自我否定、自我转型、自我变革，做到敢于放弃、敢于创新、敢于挑战，进而实现分享和共生，实现自我成长，自我超越。

（四）以"成长"体现以人为本、终身学习的理念

成长，是自身不断变得成熟优秀的过程，是"生命个体的活力"不断增强的过程，是令自己和他人都愿意接受的状态。它"不仅是生命个体身体的

生长与维持，而且包括生命个体在身体生长与维持的同时通过与外界的作用，实现生命个体信息接纳与吸收，信息判断与应用，信息整合与创造，实现生命个体之间、生命个体与非生命个体之间信息交流与共享，生命个体自身信息生成与储存，最终实现生命个体生存与发展。"成长包括身体的生长，也包括心智的成熟，更包括精神世界的充实、丰富，是量变、质变不断交替进行、螺旋上升的结果。

成长，可以指人，也可以指组织。对于朝阳社区学院来说，是指学生的成长、教职员工的成长和学校的成长，也可当成前面所述"修德、精业、协同"给个人和学校带来的成果。

在个人和学校的成长过程中，成长型思维模式发挥着重要作用。

成长型思维模式的基本理念是：你的基本能力是可以通过你的努力来培养的。即使人们在先天的才能和资质、兴趣或者性情方面有着各种各样的不同，每个人都可以通过努力和个人经历来改变和成长。具有这种思维模式的人相信，人类真正的潜能是未知的（也是不可知的）；人类在经过多年的热情、辛苦奋斗以及训练后能够取得什么样的成就，是无法预知的。这种认为"人的才能可以发展"的信念给人们带来了学习和工作的激情以及成长的动力。有人总结出从平凡成长到优秀的 7 种思维模式：志存高远、勇于行动、坚韧不屈、积极乐观、承担责任、善于合作、不断成长。思维模式是他人无法单纯模仿、复制的一种能力，它不要求变成另一个人，只是帮助成为最好的自己。

在"成长"理念和思维模式指引下，朝阳社区学院可以将"成长"变成信仰和价值观、思维模式、行为习惯，并体现到学校制度中。开展"成长型"教职工、学员、组织创建活动，活动的目的不是为了评出优劣，而是引领、鼓励所有人树立远大抱负、勇于应对困难和风险、面对挫折能坚持不放弃、专注未来善于转危为机、有担当的自信和能力、善于发现他人优势并主动合作、不断学习改变以适应新变化，使每个人都"把自己放在能够学习和迅速成长的位置"，将成长为更好的自己作为学习、工作的动力。最终，将朝阳社区学院建设成"成长型"学院。

三、小结

在经济社会重大变革、科学技术快速进步时期，每个人、每个组织都更需要拥有坚定的信仰信念，以辨识方向、调整行为、实现目标，这就是文化的力量。也正因为如此，文化需要适应时代变化和要求及时升级。朝阳社区学院40多年的发展历程中积累了自己的学校文化，但"十四五"时期会出现以前没有遇到的新情况、新问题，需要学校功能的重新定位、学校发展方向的再次明确，而学校文化，特别是代表学校核心价值观的校训对定位、定向、调适行为、凝聚力量起着重要作用。因此，将原来的"致学致用，成就成人"升级为学校办学定位，即"致学致用，助力区域经济社会发展；成就成人，服务社区居民终身学习"。校训用"修德、精业、协同、成长"代替。以"修德"落实"立德树人"根本任务，以"精业"践行社会主义核心价值观，以"协同"有效运用科学技术发展带来的便利提高学院效能，以"成长"为个人和学校发展注入动力、带来活力。从而，为朝阳社区学院的转型创新发展积聚精神力量，使学院牢牢把握教育改革发展的"九个坚持"，对"培养什么人、怎样培养人、为谁培养人问题"提供朝阳社区学院解决方案，向"凝聚人心、完善人格、开发人力、培育人才、造福人民"的教育工作目标不断迈近。

参考文献

[1] 习近平 2017 年 10 月 18 日在中国共产党第十九次全国代表大会上的报告

[2] 习近平 2016 年 7 月 1 日在庆祝中国共产党成立九十五周年大会上的讲话

[3] 习近平 2016 年 11 月 30 日在中国文联十大、中国作协九大开幕式上的讲话

[4] http://xh.5156edu.com/html5/88682.html

[5] 宋 . 朱熹《朱子文集 • 仪礼经传通解》

[6] 唐 . 韩愈《进学解》

[7] 米哈里 • 契克森米哈赖 • 心流：最优体验心理学 [M]. 张定琦，译 . 北京：中信联合云科技有限责任公司授权掌阅科技电子版制作行

[8] https://baike.baidu.com/itcm/ 协同理论

[9] 陈春花，朱丽 . 协同：数字化时代组织效率的本质 [M]. 北京：机械工业出版社，2019.

[10] 王世元 . 教育文化构建的人性基础 [M]. 北京：北京师范大学出版社，2016.

[11] 卡罗尔 • 德韦克 • 终身成长——重新定义成功的思维模式 [M]. 楚祎楠，译 . 江西：江西人民出版社出版，2017.

[12] 乔 • 欧文 • 成长型思维——从平凡到优秀的七种思维模式 [M]. 傅婧瑛，译 . 北京：人民邮电出版社，2018.

[13] https://baijiahao.baidu.com/s?id=1611493555347832827&wfr=spider&for=pc

[14] edu.people.com.cn/n1/2018/0911/c1053-30286253.html

眼见为实

——关于线上教学的一些感想

卢家荪

摘要：一场不期而至的疫情将一直隐身幕后的线上教学逼至前台，因为线上教学隔空喊话的特点使然，以往很少上线的实训课程也不得不走上了荧屏。相较于一般是老师讲学生听的诸多课程，一贯注重观察与实践的美术教学就显得有点儿尴尬，特别是以技能学习为内容的美术基础教学，其线上教学的效果往往事倍功半，费力而不讨好。身为长期从事美术基础教学的一线教师，笔者通过整理自己在线上教学的摸索和认识中的一些随感，对当前美术基础课的线上教学情况集中作了一些较为深入的分析和总结，并从专业特点、教学信息、实训要求、个性培养等方面详尽阐述了线上教学中亟待解决的一些现实问题及个人意见。

关键词： 线上教学 实训课程 专业特点 美术基础

　　熟读历史的人都知道，由于民族性中的集体主义特点，国人一贯有趋时从众的传统，加上有关政策统一、强势的要求和推行，因而常常有这样的现象，即每逢出现什么情况或变故，总如病毒传染一样，迅疾暴发为一个声势浩大的全民运动。这不，上学期结束，突如其来的疫情彻底改变了整个社会的工作、生活及交通方式，其中最突出并带有颠覆性的影响就是学校教育：在教育部"停课不停教，停课不停学"的应对方针下，原先占比较小且一般作为课堂教学补充的"网课"即"线上教学"便一跃成为举国唯一的教育模式。刹那间，教师变"主播"，居室变课堂，纵观社交媒体的画风，以往师生共处的情境为隔水相望的景象所取代——老师们声情并茂地在荧屏里"表演"，学生们堂而皇之地捧着手机"观看"。而面对生机勃勃的"全民网课"，媒介更是异口同声地大加评赞，仿佛从今往后，古老的庠黉书堂已然是历史陈迹，传统的口传面授也将成明日黄花。

　　现实果真如此美好吗?! 作为入行近四十年并也被参与了此次线上教学活动的老师，我的体会和感觉是：并不尽然! 毋庸置疑，随着科学发展及技术进步，从早年的广播电视到如今基于网络通信平台的慕课、优客等等，教学的方法固然是越来越多，但也要看到，由于一些专业自身的特殊性，其传统一贯的教学手段依然不可能被完全改变或替代，只不过因为线上教学的优点在目前被再次放大，从而掩盖了自广播电视大学开设以来一直存在的专业局限性或适宜性问题。回望 1978 年，迫于尽快改变人才短缺的社会现实，为尽量利用有限的教育资源并破解高考"千军万马过独木桥"的难题，国家和地方以广播、电视等传媒方式作基础普遍成立了以"空中教学"为主要方式的广播电视大学。四十年来，这种广义的"线上教学"对社会整体文化水平的提高确实发挥了相当大的作用，然而随着各实体高校的"挖潜""扩招"及办学形式的拓展和广播电视大学自身教学资源的充实改善，加之线上教学平台应用中逐渐显现的种种"局限"或"短板"——尽管这种应用媒介已由广播、电视延伸到了网络、电讯，教学方式中的面授即"线下教学"环节的课时或比重依然无法消减反而日趋增多——毕竟有相当部分的专业知识及技能实训是无法脱离实体课堂教学的形式和条件。曾几何时，一度红遍神州的"空中教学"模式也慢慢淡出了公众的视野，以至于在办学形式上也陆续升级或依附某些实体教育机构为继续教育性质的学校或专业，直到最后连名称也改成了于今使人不能顾名思义的"开放大学"。抚今追昔，反观疫情以来的线上教学，一如既往地开始一片喧嚣热闹，随后因为各种教学难点及工学矛盾的不断暴露，业界和媒介逐渐不再一边倒地夸赞线上教学的优势，而此消彼长的是针对某些专业的教学实际情况陆续出现了不少冷静、客观的检讨和反省。例如我所从事的美术基础教学，便因其实训特点而在此番线上教学的大潮中显得有些格格不入，这种尴尬的状况及深刻的体会，无疑再次让我审视和思考有关线上教学的一些似新实旧的现实问题。

具体说，就这次线上教学中我所承担的素描、透视两门专业基础课程而言，再一次验证了一个事实，即四通八达的网络技术虽在直观上有助于拓展和反映教学的内涵及效应，然仍无法完全取代传统教学方式中因材施教和现场感知等特点和氛围。例如美术基础教学中的独特参与性，为何说独特呢？因为所有的教育都存在着参与性，但美术教学的参与性不仅是一个沟通知识的互动，同时还是一个重要的学习环节。记得我学画的时候，还没有现在普遍存在的集体培训或学习机构，常常是自己或几个同学在家自行布置静物作画，然后再拿给老师请教。进了大学后，当老师在布置课堂作业时，鉴于写生中不同的视角感受，同学们自始至终都参与了静物组合或人物（模特）形态的布置或设计，从美术教育目标中所包含的美感训养而言，这种师生参与的过程在无言中也体现了一种基于实践的教学关系：现场感。显然，这种感受是线上教学无法体会的。或谓：难道不能通过视频的机位变化传达这种现场感吗？答曰：现场就是现场，如果隔着屏幕能实现身临其境的感受那就不存在有隔靴搔痒的说法了，就像网恋或异地恋肯定和相依相偎在一起的感觉不一样，此其一。其二，还是自己学画的经历，当年在学校上课时，我很怕在老师盯视下作画，每逢此情自己就难免有点儿不知所措。及至自己当了老师，我才深刻感觉到这种盯视的必要性，因为技能教学不仅仅是讲解技术的要点，还包括了学生的实践体验和表现。尤其是作为美术基础课程最基本内容的素描，需要学生经过实训的反复练习过程认识建立造型的专业方法、意识并获得和提高自己的专业技能，进而通过积累、总结个人的专业经验及优势以使自己在后来的创作中能从容地运用丰富的造型语言来表达独特的感受。因此，在传统的美术基础教学中，老师除了与学生一起安排实训内容（布置静物或模特），还通过实训前的集中讲课，实训中的分别或集中观看、辅导、示范等各个环节，即时向学生介绍教学主张、目标、重点、难点和解决方法等。由于每位学生的专业基础存在差异，在具体到个人指导时，老师必须步步紧盯学生的实训过程，及时发现问题、分析问题并提供解决问题的思路、方法甚至直接动手纠错或示范。而学生也会在实训中就自己遇到的问题及思考随时、不断地向老师求教和讨论。这种师生间互动不仅是一个学习、研究、总结问题的完整教学过程，也是实施、检验、完善教学的不断提升过程。其间，老师的指导虽是因人而异地具体针对某一学生，但影响却往往能旁及左右甚至全班以产生取长补短、举一反三的示范性效应，其中包括同学间的互相观摩、讨论和借鉴。而这种互助性的效应却正是线上教学所难以完全达到的，因为在线学习的学生各自为战，缺乏相互交流的共同条件，即使网络通信能方便师生和同学间交流，但就绘画来说，其存在和表现形式是存在于某一个共同空间的立体概念，从专业角度讲，平时欣赏图像都要避免"快餐式"浏览，何况在点对点的网络状态中，老师无法通过实训中完整观察、掌控学生的学习动态及表现，只能从完成的图像中感知其实训结果或某段学习状态（限于时间），自然也难免有信息遗漏，以致实训过程的复杂体验变得简单或片面，加之课时有限，老师的指导很难起到以点带面的作用，也就造成了一个线上教学无法克服的"短板"。其三，说到课时，这又涉及美术基础教学的一个特点，一般说绘画是在二维平面上表现三维空间，但如果算上其表现过程所费的时间来说，则又可谓是四维空间，因此，在美术基础教学的计划里，技能实训都有时间的要求：即在安排教学内容时，老师对教学目标、实训内容的难度、质量都依据完成的时间有严格的规定。在正常的面授教学中，一方面师生都能自主有效地把控时间；另一方面，老师通过观察学生各自把控时间的情况也可以具体了解和判断其学习能力的强弱（实训进度快慢和掌握技能生熟的关系）。但在线上教学中，由于个体差异的因素，老师不易及时发现学生实训中与时间相关的一些问题，因此在指导和评判时难免有些偏差。众所周知，绘画归根结底是门手艺，画者的心手相印的状态对完成作业也是有影响的，具体说从画面修改的情况就能反映画者的学习问题，如对所画物体的研究有深有浅，完成的作业好坏也就不一样。在集体学习的环境中，老师能随时监控班上各人的实训过程，且大家在同一空间中进行同一内容的实训，各人的实训程序及想法老师都可以清晰地看到和察觉。但学生独自在家练习，其实训过程中的各种情况及问题就只能由学生自己掌握和解决。当然，在美术基础教学的目标中，认识和掌握正确有序的步骤和方法并独自检查处理各种随时出现的问题是一个重要的教学内容，也就是专业上常说的"自修"或"脱师"。但这种"自修"或"脱师"过程是因循渐进的，也就是说，一般在完成一定时间的实训内容后才可以做到。因此，这也就是此次在很多学校的线上教学中为什么美术基础教学的对象都是进校已有半年或一年以上的"老学生"而非刚入学的新生（这部分班级几乎全部改上其他非实训课程）。其实，这正是我所面临的痛点：本年春季报到的职大学生，虽然有些新生在入学前已有一定的专业学习经历，但绝大多数人在思想上仍然没有自主性学习的认识即心理准备，主要是对美术学习的特点尚不清楚和了解，自然，在以自修为主的线上教学中，学生所感觉的种种不适应也就是很正常不过的现象，更何况还有课时的计划和实训的难度等需要自我掌控的要求。其四，美术基础教学的思维问题，由于绘画是对客观事物的表达方式，所以它也是一种特殊的语言，即描绘方法，这种方法的特点主要是形象性，因此在美术基础教学中，怎样正确领会和理解老师的指导意见，往往需要学生具有专业的思维方式，即形象思维。而对一个没有接受过专业初步训练的新生来说，如何把文字的概念转换为形象的意识，这本就是学习的一个内容和实训要达成的目标，且不说是素未谋面的新生，就是在入学前曾随本尊学过的"老生"，也尚未完全能够很好地进行自习。加之本届新生都是老年人，他们因受生理年龄的固有心理特点所局限，要转换或建立一种新的、专业的学习思维及方法确实比较艰难。例如在此次线上教学中，学生几乎没有提出实质性的学习问题，也就反映了他们对专业语言的陌生和缺略。换言之，这种思维方式的碰撞与转换固然有利于学生对艺术性质及表现特点的认识，但也容易使学生陷于认识上的迷茫和偏差。此外，艺术是需要有一定禀赋的，这方面学生在专业上的表现也不尽一样：有的人天生观察细致，有的人天生手巧，还有的人天生富于形象思维等等，因此，老师在课堂中必须分别从观察、技巧、造型等不同环节进行针对性的指导，即因材施教，但在线上教学中，却难以遵循或实现这种古老的教学原则。其五，美术基础教学的特殊方式——这里主要指西画教学的重要特点——是写生。众所周知，西画和中国画在学习方法上有一个重要区别，就是以现实或自然为师，即实物写生，这种实训方式和中国画（包括书法）的教学以临摹为主的练习方法不一样的是：虽然学生面对同一物体做练习，但由于视角不同，各人描绘的情况也就不同，关于美术基础教学的这点中西差异，我之前曾有"不靠谱儿"一文详为论述，于此就不再赘言。这里所要强调的是，因为西画教学的这个重要特点，使得西画专业的基础教学要求相对严格而自由，特别是在学生对知识点的掌握与实践能力的培养上，既有着客观、科学的标准又有主观、实际的变化，包括对教学设备及教有特定的一些要求。例如室内写生所需的画具（教具）、灯光等，就只有画室才具备。而除了室内写生外，室外风景写生也是一个必修的重要课程，且不说在疫情期间，师生都"禁足"在家，就是在正常的日子里也无法在线上进行实时教学。因此，在不改变既定课程目标与内容的基础上，线上教学如何在教具（静物）不统一、老师无法上手修改作业的情况下，有效达成和线下教学一样的效果，想想就有不少问题和困难，这也就是在此次线上教学运动所公开的各种美术网课中，唯独难以见到有关西画专业基础教学的一个重要原因——注意，我指的是与线下教学方式一致的以写生为主的基础教学课程。事实上，从以前的"广播电视大学"到于今的"开放大学"，之所以一直没能开设油画（西画）专业课程的原因也就在于此，哪怕当前线上教学的手段是五花八门，似乎能一网打尽，但面对西画专业的基础教学依然是束手无策，望洋（西画）兴叹！

凡此种种，类似的问题和情况还有很多，限于时间和专业就不一一罗列。概言之，美术基础教学因其以技能实训为主的传授方式使然而具有显著的职业教育特点，它和其他多以理论灌输为主的基础教育有明显的差别，故在疫情期间，虽然所有的美术院校或专业都在积极准备、组织和进行线上教学，但实际上，在谈到具体的专业是如何操作时，归结各校老师的意见或看法，几乎异口同声一句话："我太难了！"或问：既然太难，那为什么线上还会有这么多直播或录播的课程呢？答曰：内行看门道，外行看热闹。我们只要整理、分析这些基于各种公共平台建设的课程就不难发现，大多数是一些实践性不强或非即时练习的讲授型课程，例如美术史、绘画鉴赏、范画临摹等。而多见之于培训机构的实训类课程，如素描、色彩写生等，则基本上是老师在自说自画地唱"独角戏"，完全背离了以学生为主体的教学原则，其教学效果如何也就可想而知。当然，至于这些课程的设置动机是否有经济利益的因素，各人自有认识，我就不去揣度了。又或许有人质疑：你说这么多，是否反映了你在主观上对线上教学本就存在着偏见或反感？答曰，此言大谬矣！虽说我在这次线上教学中的确有些迫于形势和要求而为之的苦衷，但在实际工作中绝对没有丝毫消极应付的意识或想法。实际上，秉持个人专业固有的与时俱进之精神和教师应尊的职责所系，我一直都是非常积极和主动地去完成本职工作。再说，从辩证法的观点看，危机包含转机，疫情造成的特殊举措为我认识和掌握线上教学提供了一个难得的实践机会，故无论成败得失都是一段重要的工作经历，至于它是否能促使我彻底转变或拓展传统的教学模式还尚待时间的检验，但肯定会让我和我的学生更加明确和了解美术基础教学的实践价值。也正基于这种认知，我在这次全行业的线上教学活动中，除了按照教学计划认真备课之外，我还怀着学习借鉴的目的广泛、反复地搜看、浏览了大量的线上教学课程，而通过这种客观、自觉地研究和学习，再结合自己的教学经验及思考，窃以为这种被包装为"先进"或"科学"的所谓"教育技术"和自"非典"暴发后之十余年来的各种线上教学方法一样，其实际效果并不像其宣传的那样强大及完美。这里需要说明的是，对于毕生从事美术基础教学的我来说，艺术创作的特殊方法和规律使我对任何新事物、新思想都一贯保持开放宽容的态度，但，我也不惮否认，数十年的艺术实践也使自己在面临新事物、新思想的冲击时能始终保持客观的冷静和谨慎的定力，因为历史和经验告诉我，如同以往所遭遇的各种新事物一样，网络技术在教育方面所凝聚的广泛意义无疑是丰富而具有革命性的，但具体给美术教育带来的是新机还是挑战？美术基础教学该如何利用网络传输的优势？尤其强调技术训练与面对面交流的美术基础课程该如何适应新局面、新要求？线上教学会对传统教育模式带来一些什么样的影响或冲击？等等，在取得具体的实践经验前，我断然不会随波逐流于所谓的大势所趋，而是非常认真、全面、深入地分析和研判它的优劣及成效，毕竟，把学生当作小白鼠是有违教师应有的道德和良知——纵观改革开放以来的各种教改，其中就不乏是华而不实或哗众取宠的举动。至圣先师孔夫子曾有教导："必也临事而惧，好谋而成者也。"实际上，在新事物、新思想面前，很多老师并不缺乏创造和进取的智慧及勇气，但从教育的本质而言，面对将信任交给了自己的学生，作为一个合格的人民教师，我们是不是应该多一些谨慎，多一些担当呢?！这绝对是不容含糊的，因为这不仅是一份职责的要求，更体现了一种职业的道德。

　　诚然，也不可否认网络给人们带来的空间和时间的整合为教学所提供的很多帮助，其中最明显的是开阔了我们的视野，如线上教学就能把某个人数有限的教学班级从有限的学习空间带到无限的知识天地中，从而建立起一种共享与交集的学习资源平台，并为学生将某项具体的学习带到纵横交织的知识结构中去研究及思考提供了更多的可能性，这确实是传统课堂教学所不具备的优势。但因此是否就能说明线上教学会成为将来美术基础教学的主要方式呢？我以为尚待教育技术的进一步发展才能明确，至少目前还不可能断言，只能说线上教学可以补充传统课堂教学即线下教学的不足，例如将各种经典作品和绘画方法通过线上的展演来丰富和辅助传统教学中的一些示范内容或形式，但无论如何，也不能回避线上教学不能像线下教学那样可以随时比较直观的了解学生作业进程的缺陷或问题——除非是一对一的线上教学，且就班级教学来说也涉及课时安排、分配、管理、计酬等许多方面的变化。早在十几年前，我就针对当时主管教学的外行领导的瞎指挥反复说明、强调过美术教学的术科特性，今天，我仍坚持说明、强调这个专业特性，即在术科教学中，实训永远是一个重要的教学内容及环节，不学无术，作为美术教学中具有鲜明学科特点的课堂练习就正反映了这些不断叠加的实践过程积累起来的知识和技能的传授情况，当然，师生相向而行的教学实训过程也是美术课堂中一道独特的风景线。因此，这就是在艺术教育领域为什么总是"名师出高徒"——老师的个人才能及专业水平往往对学生的成才及长远发展有着决定性的作用和影响，以至于从古到今的艺术学生纷纷"登堂入室"，竞相争做"嫡传弟子"而不愿为"私淑艾者"，何况学校那种浓厚而专业的学术氛围或文化环境也绝非一般家庭或私宅所能比肩的。也因此，无论网络技术如何发展，只要这个世界还有个性存在，与老师面对面的学习和交流就永远是一种难以替代的现实要求。

总而言之，面对网络一点一点地改变着我们生活的现实，如何去认识和适应类似线上教学这样不可避免的转变，我们应根据具体的事实去做具体的了解，犹如美术基础教学中的实训方法，必须是面对实物进行写生练习，而非一幅照片、一个摹本或一本字帖等"转手"知识及技能就能了解和掌握专业理论和技术特点。俗话讲，耳听为虚，眼见为实，也许线上教学对于某些专业包括美术学科中的一些新兴专业很有帮助，但是对于传统的架上绘画，学生的学习依然离不开一笔一画去自己完成的过程。因此，线上教学从效果来考虑，利用其互联互通的优势帮助学生在学习时更多地认识到艺术源于生活的真谛，有意识地去自我发现和表现生活和现实的美，这应该是一个值得思考和探索的途径，毕竟学美术的人大部分时间本来就是自己与作品独处，哪怕是在一个班级中，实训练习也具有很强的个人感受性，即画自己的所见所识。而线上教学也一样要面对现实来学习，但由于宅家独处，或许学生在学习中自我思考会更多一些，即被迫减少对教师的依赖。所以，如果说线上教学之于美术基础教学能有什么样的改变，我觉得最大的可能就是让学生能够在教师所提供的课件指导下从自己的视觉体验中去认识和掌握表达客观现实及其美感。试看国内最权威的两所专业高校即中国美院和中央美院在这次疫情中的线上教学，就是根据网络的独特优势去安排和组织课程的：两校一致重视网络资源共享之于学习的积极作用，利用互联网在全球范围内采购人文通识和专业通识课程供学生自习，使学校里每个人都可以在这个扩大了无数倍的资料库和工具箱中重塑专业教学的知识基础，提升学术视野，增益教学内涵。中央美院还认为开展好线上教学是在教学和科研上能开先河的事，能成为教育新模式的支撑，将和全世界专业学术领袖展开交流视为提高学术水平的重要途径，因此主张要对"空中教学"进行重新定义，不再只把线上教学视为简单的"非物理空间上课"，而是对知识的重新组合和扩展。例如通识类课程，在自有师资力量远不足以满足多样化的课程选择下，很多新的知识包都可以通过线上方式向全球采购并纳入校方的教学体系，等等。由此可见，如何回避线上教学的某种学科劣势，并通过融合新的教育技术发展和丰富原有的教学手段，是所有美术老师都需要直面的新课题。特别是如何有效解决线上实操型课程的建设和直观的个性化辅导等难点，并着力建构新型的线上线下相结合的教学模式和教学空间，更是当下亟待研究的一个重点。就现阶段教学情况来看，线上教学尚不能替代线下教学的，因为再丰富再庞大的网络资源都无法取代人与人的切身体验和面对面的温情交流。尤其对参与课堂实训的学生而言，动手的实践，师生在同一空间里的互动是非常难得的，只是这个资源很稀缺、很昂贵，故从长远行业发展来看，美术教学的线上线下的有效结合应该还是能够取得最佳的教育效能，而伴随新技术一起上线的美术教育最终会有一场新的颠覆性变化。因此，尽管目前线上教学存在着这么多的现实问题，但我们当然不能故步自封，更不能轻易放弃，而应该放眼未来，想方设法地去解决、适应新的教学要求及方式，积极自觉地思考、摸索新的教学情况和手段，以期在专业教学上达到一个更好、更高的水平。

案例教学与公式应用（Excel）

卢连杰

摘要：现有教材关于案例教学的设计，缺少层次设计。案例的列举局限于给出一个固定的案例目标，以讲述的形式完成。其实质有点儿类似教授在课堂上给自己出个题目，然后自己完成。其中，缺少层层推进的层次设计过程。本文以 Excel 公式的教学过程为例，介绍一个层层推进的案例设计过程。将案例教学，改变为应用设计、思考、完善的过程。

关键词：案例教学 办公自动化 公式

计算机基础与办公自动化教学，必然涉及 Excel 应用的部分。而公式的应用就是这个部分中最有弹性的部分。也可以说它是整个计算机基础教学中最有弹性的部分。这里所谓的弹性，可以包含两个方面。其一是，介绍公式的种类和数量，其二是，公式应用的复杂度。

公式的种类和数量，一般在制订教学计划时可以依照专业和整体课时的数量做出大致的安排。但是公式应用的复杂度，或者说通过应用的复杂度来提高学生的应用能力这个部分，却只能在教学计划的实施过程中，通过对学生学习能力的观察与感知，随时做出调整。

在课时固定的情况下，学生的接受能力强，就适当提高应用复杂度，学生的接受能力差，就适当降低应用复杂程度。甚至对同一个班级的学生，因学生之间接受能力的差异，也可以在可能的情况下，对不同的同学做不同的要求。

以房贷公式为例。在应用介绍中，可以包含四个层次。

一、简单应用

简单应用是房贷计算的最简单使用形式如下。

首付数值

房屋面积	
房屋单价	
房屋总价	= 房屋单价 × 房屋面积
购买首付款	数值
贷款数额	= 房屋总价 − 购买首付
贷款年限	
贷款利率	
月供额	=PTM（贷款利率 /12, 贷款年限 ×12, 贷款数额 ,0,0）
季供	=PTM（贷款利率 /4, 贷款年限 ×4, 贷款数额 ,0,0）

或者首付使用比例

房屋面积	
房屋单价	
房屋总价	= 房屋单价 × 房屋面积
购买首付款	比例（例如：40%）
贷款数额	= 房屋总价 ×（1− 购买首付比例）
贷款年限	
贷款利率	
月供额	=PTM（贷款利率 /12, 贷款年限 ×12, 贷款数额 ,0,0）
季供	=PTM（贷款利率 /4, 贷款年限 ×4, 贷款数额 ,0,0）

中国大陆的房屋贷款，是按月还款，称月供，计算时，公式里是年利率除 12；期限乘 12，是贷款期限包含的月的数量。

欧美的房屋贷款是按季度还款，计算时，公式里是年利率除 4，期限乘 4，是贷款期限包含的季度的数量。

有关公式的格式，在此不再赘述。

将上述公式填入 Excel 表格，得出以下计算结果。月供的红字代表债务，支出。

房屋面积	100		
房屋单价	60000		
房屋总价	6000000		
购买首付款	30%		
贷款数额	4200000		
贷款年限	25		
贷款利率	4.90%		
月供	¥-24,308.70		

二、月供与贷款的延伸

现在，多数人已经知道在购房贷款的还款期限中会有银行利率变动造成的月供变化。这个知道，通常停留在：大概多几百块或少几百块。

在 Excel 的教学中，可以通过公式的进一步介绍，将这个问题细化。

（1）使用公式：PMT 计算出月供中的本金。

（2）求已还款本金的和。

（3）在总贷款中，减去已经还款的本金和，得出剩余贷款额。

（4）用重新计算新利率下，当前贷款额的月供。

这个操作涉及三个公式的混合应用，PMT、PPMT、SUM。

在实际生活中，如果利率下降，月供减少，贷款人除高兴之外，可以不去关注。（仔细想可能更可怕，暂不讨论）

购房人应该关注的一般是利率上升造成的月供增加。因为月供增加，会直接影响购房人的资金安排，需要将额外的资金用来还银行贷款。

因此，在课堂教学中，一般直接计算未来 5 年每年利率上升 0.25%，来作为教学的应用案例。这是网络房贷计算所没有的部分，也是 Excel 应用教学中，一部分应用的价值所在。

计算的表格如下。

房屋面积	100
房屋单价	60000
房屋总价	6000000
购买首付款	30%
贷款数额	4200000
贷款年限	25
贷款利率	4.90%
月供额	¥-24,308.70
第一年利率+0.25%	¥-24,902.31
第二年利率+0.5%	¥-25,483.97
第三年利率+0.75%	¥-26,052.81
第四年利率+1.00%	¥-26,607.96
第五年利率+1.25%	¥-27,148.50

以上计算结果显示，如果赶上一个通货膨胀周期，银行贷款利率每年上涨 0.25%，那么，到第五年，月供将从当前的 24308.70 元上升到 27148.50 元。

计算公式是如下四个公式向右的延伸套用（填充操作忽略）

=PPMT($B$7/12,E1,$B$6*12,$B$5)

=SUM($F$1:F1)

=$B$5+G1

=PMT(($B$7+0.25%)/12,($B$6–1)*12,H12)

作为公式应用的教学部分，如果学生在引导下，可以完成第一、第二年利率变化的月供计算，就基本可以自行完成第五年的利率变化后的月供计算。

能完成的学生，基本上就可以理解和熟练使用财务公式了。同时，作为一个生活中可能遇到的应用场景，这个公式清楚的提醒了买房时，如果遇到通货膨胀周期，银行利率上升，个人月供变化可能带来的风险。将学习中的知识，和生活场景实实在在地结合在一起。

三、格式完善

在上述公式中，房屋面积、房屋单价、首付比例、贷款利率、贷款年限五个手工输入的项目中，前四个都可以随时改变输入数值而得到新的计算结果。而最后一项，贷款年限的改变时，虽然结果的数值正确，但会造成部分显示的错误，如图所示。

	297	¥-23,915.68
	298	¥-24,013.34
	299	¥-24,111.39
	300	¥-24,209.84
	301	#NUM!
	302	#NUM!
	303	#NUM!
	304	#NUM!
	305	#NUM!
	306	#NUM!

这在计算机中，属于逻辑正确的错误。

为了清除这个错误。

1.需要对"还款期计数列表"的变更进行限定。使用的公式：

If（ROW（e1）<c5*12+1,ROW(e1),0）

2.需要对本金列表进行变更限制：

If(e1>0,PPMT(c6/12,f1,f1,c5*12,b22),""）

3.需要对本金合计计算列表的变更进行限制：

If(e1>0,SUM((g1:g1),0)

		296	¥-23,818.42	¥-4,103,749.75
		297	¥-23,915.68	¥-4,127,665.43
		298	¥-24,013.34	¥-4,151,678.77
		299	¥-24,111.39	¥-4,175,790.16
		300	¥-24,209.84	¥-4,200,000.00
		0		
		0		
		0		
		0		
		0		

四、综合应用

前述公式中关于贷款后利率变化的设置是固定的年份、固定的数值，在实际生活中，一个通胀周期可能是五到八年，利率变化也可能因金融环境的剧烈变化而大幅度调整——不是每次 0.25%。

因此，实际应用中，这两个数据应该可以手动变更。

这需要对表格格式进行调整：

1. 将利率变化年份和利率变化幅度单独列表；

2. 改变计算公式中固定数据改为引用列表数据：
公式：PMT(($B$8+0.25%)/12,($B$7-1)*12,H12)
转换为：
PMT(($B$8+b12)/12,($B$7-a12)*12,H12)
PMT(($B$8+b13)/12,($B$7-a13)*12,H12)
PMT(($B$8+b14)/12,($B$7-a14)*12,H12)
PMT(($B$8+b15)/12,($B$7-a15)*12,H12)
PMT(($B$8+b16)/12,($B$7-a16)*12,H12)

公式：
If(e1>0,PPMT(($B$8+0.25%)/12,E7,($B$7-1)*12,$H$12),"")
转换为：
If(e1>0,PPMT(($B$8+b12)/12,E7,($B$7-a12)*12,$H$12),"")
If(e1>0,PPMT(($B$8+b13)/12,E7,($B$7-a13)*12,$H$12),"")
If(e1>0,PPMT(($B$8+b14)/12,E7,($B$7-a14)*12,$H$12),"")
If(e1>0,PPMT(($B$8+b15)/12,E7,($B$7-a15)*12,$H$12),"")
If(e1>0,PPMT(($B$8+b16)/12,E7,($B$7-a16)*12,$H$12),"")

变更后得到列表数据和计算结果如下：

房屋贷款等额本息还款——月供			
房屋面积	100		
房屋单价	60000		
房屋总价	6000000		
购买首付款	30%		
贷款数额	4200000		
贷款年限	25		
贷款利率	4.90%		
月供额		¥-24,308.70	
年份	利率变化		
1	0.25%	¥-24,902.31	
2	0.50%	¥-25,483.97	
3	0.75%	¥-26,052.81	
4	1.00%	¥-26,607.96	
5	1.25%	¥-27,148.50	

经过上述四个层次推进。在 Excel 中完成房屋贷款等额本息月供还款计算。先后使用：PMT、PPMT、SUM、IF、ROW 五个公式的交互应用格式。

从最简单的结果呈现，到全部数据的完整数据逻辑关系设计。让案例教学在层层推进过程中带来实际的引力，脱离形同作业的固化案例教学方式

有句关于软件的名言说"为什么软件总是会从本版 1.0 更新到 9.0？因为你在应用中发现了错误。"

层次化的案例教学过程，实际上正是反映了软件版本更新的过程。

线上教学的有效实施初探

罗 莲

摘要：在因疫情影响，线上教学全面展开的背景下，笔者尝试利用优慕课 V8 平台和微信群组织教学，探索线上教学有效实施的办法，总结经验和不足，以期进一步提升线上教学质量。

关键词：线上教学 教学模式 探索

在新冠肺炎疫情的影响下，全国高校展开了大规模的线上教学。教学从传统的面授课堂完全转移到了线上，这种突然的变化让师生都措手不及。虽然之前有过线上教学和线下教学相结合的混合式教学模式的经验，但是这样完全把教和学都放到线上对教师提出了极大的挑战。在这样的背景下，我在本学期尝试利用优慕课 V8 平台和微信群组织建构 2018 级幼儿艺术教育专业课程的线上教学模式，完成教学活动设计，引导和帮助学生在线学习提升自己，师生基于在线系统实现多方面的教学交互。本文就探索线上教学的有效实施，提升网络教学质量的教学实践进行梳理，提出自己的粗浅认识。

一、当前线上教学存在的主要问题

（一）视线上教学为直播或录播课程

线上教学全面展开初期，对知识点的直播或者录播课程几乎等同于线上教学全部，大多数学校都陷入了面临临时开发直播课程，教师缺乏直播技能，网络平台不支持，学生反响较差等问题。事实上，线上教学绝不等同于单纯的直播或录播课程。一方面，从教学形式上，除了直播和录播外，还有更多的方式，例如学习任务式、互动研讨式、作品展现式等；另一方面，在学习内容上，线上教学的核心和指向仍然应该凸显育人目标，绝不能将其简单等同于知识点传授。

（二）视线上教学为线下教学线上化

当前的在线教学中，一些老师将重心放在了如何将学习内容电子化、数字化和网络化上，然后将传统的教学"照搬"到网络上，形成了所谓的"线上教学"。线上教学应当是正常教学的组成部分，其与常规教育的关系并不是并列的关系，而是线上教学是正常教学的有机组成，只不过因为目前特殊时期，由线上教学承担了更多的任务。

（三）视线上教学为学生自学

在线上教学中教师除了推送学习资源，发放学习任务，更大的作用是引导和触发学生的自主学习动机，指导其学习的路径，因此绝不是放任学生盲目自学。

线上教学是个完整的教学活动，必然包含了学生的学和教师的教，两者是紧密相连、互不可替代的，缺少了任意一个环节都不能成为严格意义上的教学。

线上教学是正常教学的组成部分，而非另一种形式的教学，因此无论哪种模式下的线上教学都遵循着目标、资源、实施、评价等课程要素。但不同的是，线上教育教学有其独特的关注点和着力点，而所有的关注点和着力点都必须充分体现教师指导下的自主学习能力培养这一线上教学的基本共识。

二、线上教学的探索与实践

（一）教师作用的再认识

同线下教学相比，首先线上教学同样应该是教师与学生互动的过程，缺乏任一主体都将无法形成教学的回路；其次学生的线上学习有赖于教师的指导和帮助，教师需要提供比线下学习更多数量和形式的学习支撑才能达成既定教学目标；最后与线下教学不同的是，线上教学的落脚点更多的关注学生的"自学"，学生的学习成了一种主动性、自觉性的行为，这里的自主学习既包括知识点的学习，也包括学习方法的学习。因此就必须架构"教师指导下的自主学习能力培养"教学模式，突破"我教你学"的传统教学模式，重构在线教学活动的流程、方法，开展启发式、探究式、讨论式、参与式等教学，丰富学生在线学习体验，使学生从"被动听"变为"主动学"。

因此我在线上教学中既有对学习知识点的指导，也有对学生学习方法与策略的指导。例如在对于学生普遍感到困难的幼儿作品如何呈现的问题上，我除了给学生发送学习资料，还引导他们对资源进行归纳总结，得出有效结论，同时感受使用良好学习方法带来的成就感。

以幼儿作品展示为例，对学生进行学习方法的引导

（二）线上教学的再设计

根据学生具体情况重新制定合理教学目标，整合教学资源，重构教学内容。

首先是教学目标的设定。有效的线上学习应该成为促进学生学习能力提升和学习方法完善的重要途径，因此在教学目标设计上，我也将促进学习作为目标的重要内容之一。一方面设计一定情境性、难度和挑战的教学目标，促进学生知识的拓展和迭代；另一方面将学习方法的指导纳入教学目标中，明确不同内容的学习方法，指导学生总结概括有个人特征的自主学习方式。

其次是提供充实资源支持。基于上面对教师作用的认识，我在给学生学习资源的提供上包含两个方面的内容：其一是包含知识点的学习资源。例如PPT教学课件、教学视频、配发的学习材料（导向任务单、习题）、其他链接资源等；其二是指教学方法的资源，即学习的策略的学习。引导学生反思自己的学习方法，促进学生自主学习与自我管理能力的提升。

再次是教学内容的优化。我设计的教学内容都源自学生工作中的常见问题和难题。网上能够搜索到的知识点不再成为教学的主要内容，线上的集中学习更侧重于在这些知识点之上的探究、讨论和深挖。引导学生进一步盘活资源，让学习能够真正为我所用。

最后是利用翻转课堂形式促进学习。发放的资源让学生自主学习，线上对学习成果进行探讨和深挖。鼓励学生在线上主动分享、积极提问并记录听课过程中的思考；引导学生通过回看课程视频以查漏补缺；指导学生整理课后笔记，促进消化和吸收。

将教学重点放在学生学习能力的建构上

（三）学生学习的新模式

建构以问题为中心，以任务为驱动的学习模式。

在教学流程上，分为课前、课中和课后三个阶段。课前学生自主预习和学习资源包，领取任务单，得出结论或提出问题（个体学习）；课中针对课前学习的问题和任务进行深入思考和讨论，碰撞出新的问题或点子（集体探究）；课后完成任务，实践创新（个体思考）。在每个阶段都包含教师的指导和清晰明确的学习任务。

从现有实践来看，结合教学内容，借助问题链或任务串的方式进行任务的设计和布置是线上学生自主学习的有效路径。一方面问题链或任务串给学生思维的深化点明了方向，学生的自主学习有了明确目标和路径；另一方面，通过控制问题链或任务串的数量和内容，可以有效发挥教学支撑的作用，并通过问题的不断拆解帮助学生实现知识的内化和方法的习得。

此外，教师指导下的学生自主学习构建需要教师克服传统的一言堂和灌输式的教学任务设计，需要调整原先学校日常教学中"教"与"学"的时间比例，用更多的时间关注学生的学习状况，并通过根据教学内容安排学生做好预习，指导学生摘录内容要点、标记疑惑之处等方式为任务设计更有针对性提供支持。

传统的面对面课堂教学有现场感和沟通交流的优势，但从某种程度看也制约了学生的自主性学习，线上教学的虚拟性和远程性恰恰催生和唤醒了大学生的从被动到主动学习，会把大学生的自主学习潜力倒逼出来。

"课程直播 + 自主学习"，其形式是前两种的混合翻转，教师和学生互为主导和主体，教学活动按照课堂需求在两种教学环境中进行切换。

（四）平台利用的再整合

线上教学管理交流平台，可利用微信和 QQ 进行线上班级管理和交流，布置、督促和评估班级学生自主学习情况，扬长避短合理利用平台优势。本校常用的几个平台中优慕课上传资源比较方便，集中清晰便于查看，但实时性差，教学互动不便，而微信群刚好和它优势互补，因此我在教学中就组合利用了这两个平台。如前面提到的课前、课中和课后三个阶段，课前利用优慕课 V8 平台上传学习资源包，设置问题讨论，分发学习任务；课中利用微信群，用"讲授语音 +PPT+ 小视频"的组合形式，引导学生进一步深入学习；课后再回到优慕课 V8 平台查看学生提交完成的学习任务或收获。

综合利用优.慕课 V8 平台和微信群组织建构"课堂"

（五）情感交流的再建立

虽然以往教学中也在运用翻转课堂、平台资源、微课等教学形式，但都只是辅助和补充，从未这样全程离开过"课堂"载体，于是面对面教室场景变成了网络虚拟空间，情绪调动、情感变化以及互动交流受到了深刻影响，而师生间良好的情感交流与沟通也是推动教学顺利进行的积极因素。因此在教学中我会同时注重维护正向的情感交流，发挥教师主导作用，树立学生主体地位、唤醒学生主体意识。增强学生的代入感和参与度，提升教学的吸引力和感染力。几乎每次课堂上每一位学生的参与度都很高，积极而活跃。

良好的情感交流是每一次课学生都能积极参与的有力保障

三、线上教学的问题（思考）与展望

尽管线上教学取得了一定的成效，也得到授课班级学生的一致好评，但仍存在问题和不足，还有很多需要改进和提升的地方。

（一）需进一步转变观念，适应时代的发展变化

传统的教学是教师、教材、教室的"三教"中心格局，是稳定的教育"铁三角"。如何把以知识为中心改为以学生为中心，打破教育的时间空间限制，是教育工作者需要进一步探索的。

学生可能不再需要我们为他提供一个非常完整的知识结构，而是在完成自己最初的知识结构以后，通过自主的学习，建构他能够满足自己学习的个

性化的结构。未来可能学分、学历、学校都不再重要，学到了什么，分享了什么，建构了什么，创造了什么，这才是最重要的。

因此从线下到线上的教学内容要优化，从线下到线上的教学模式要变化，从线下到线上的教师角色要转化。

（二）需进一步提升教学能力，适应新的教学形态

人类总是借助于工具认识世界的。工具的发明创新推动着人类历史的进步，同样，教育手段方法的变革创新也推动着教育的进步与发展。

人类发展到今天，不仅知识的积累突飞猛进，而且传播知识的方式也多次发生颠覆性的改变。按照法国学者莫纳科提出的观点，大约经历了四个主要阶段：依靠人与人之间直接传递的表演阶段，依靠语言文字间接传递的表述阶段，依靠声音图像记录的影像阶段，依靠人人平等互动的互联网阶段。每个不同的阶段，教育手段方法也各不相同。

教育手段方法包括三个维度："学"即获得信息和分析吸收信息的手段、"教"即传播信息的手段以及"教"和"学"互动的手段。我们可以看到，但每一次传播方式的变革都极大地改变着教育手段方法，促进着教育效率和教育品质的提高。

教师要不断增强在线教学能力，克服在线教学的技术恐慌和本领恐慌，将教学思维与互联网思维有机融合，熟练掌握线上教学技能、网络学习心理和媒体传播技术等，让现代教育技术为我所有、为我所用。要充分利用线上教学便捷性、交互性、个性化等优势，通过限时答题、在线讨论、云上展厅等方式开展教学互动。建立教学反馈机制，及时收集学生对在线教学的建议和意见，不断优化教学方法、提高教学艺术。

（三）应既面向全体学生，又适应学生个体需求

在今后的教学中还可以考虑如何将线下的分层分类学习任务的设计运用到线上。对学有余力学生与基础薄弱学生分别设计同一主题的不同任务，针

对不同个体设置同一主题下不同的内容与任务，实施按需按能的教学。或者以小组合作方式，通过将不同水平学生的合理搭配分工，接近学生最近发展区，引导或驱动学生预学思考和探究，推动线上合作性的学习行为的发生。

（四）应调整教学评价的功能和作用，促进学生发展

与常规教学相比，线上教学在作业布置、上交统计、批改反馈等方面存在较大问题。未来的评价主要不是为了鉴别，而是为了改进。利用用大数据自动记录学生的学习过程，作为评价的依据。在记录过程的同时，要发现学生的知识点缺陷，及时帮他改进，实施合理评估反馈，促进其找到自己最适合的学习方式，同时也帮助教师改进教学，提高工作效率。

在当前的技术、能力和条件下，线上教学的欠缺与短板仍然存在，美术课程仍旧存在线上教学效果不及线下的现状。在线教学是由固定时空转向跨越时空的教学样态，对传统课堂教学模式提出了严峻挑战。这就要求教师不能简单套用和照搬传统课堂教学的教学内容、教学方式，而要遵循在线教学规律、创新在线教学模式、发挥信息技术优势，探索线上教学有效实施的途径和模式，尽量减小线上线下教学效果的差异，以更好地应对疫情这样的灾难，应对未来发生的变化。

参考文献

[1] 朱永新 . 未来学校：重新定义教育 [M]. 北京：中信出版社，2019.

[2] 陈佑清 . 关于学习方式类型划分的思考 [J]. 课程·教材·教法，2010(2):36-40.

[3] 王小妮 . 上课记 [M]. 北京：东方出版社，2016.

高校办公室工作特点与文秘人员素质分析

吕静雅

摘要：高校办公室是学校重要的职能部门，是学校教育管理的重要中枢部门，承担着办文、办会、办事、统计信息报送、文书管理等重要职能。随着高校管理改革，新时代赋予了高校办公室调查研究、督察督办、公共关系等延伸职能。随着高校办公室职能的不断丰富，工作内容也越来越综合化，对办公室文秘人员的能力培养和素质提升提出了更高的要求。

关键词：高校办公室 文秘人员 素质

随着国家现代化发展，经济社会发生日新月异的变化。无论是教育教学还是管理服务，高校都在改革。办公室作为高校的中枢部门，承担着信息传递、对外联络、上传下达等重要职能，随着改革又赋予了新型职能。高校办公室文秘人员需要紧紧围绕学校立德树人的核心理念，紧跟时代步伐，自觉践行习近平总书记在中央办公厅调研时提出的五个坚持的标准，提升自身素质和能力，提升工作效率和工作质量，提升高校管理服务水平，促进管理体制创新。

一、高校办公室职能

办公室是高校综合型服务管理部门，对学校各部门的工作，各部门之间以及对外联络的信息传递起着至关重要的协调作用。目前很多高校为了方便上下联动，综合统筹，学校办公室往往综合党委办公室和行政办公室双重职能。承接公文、会务管理、事务协调、人事管理、数据统计、保密档案工作是高校办公室的基础职能。从服务人群角度来看，高校办公室综合服务学校领导、全校师生、对接上级部门、对外联络等。随着新形势新时代的发展，高校办公室的基础职能也在变革，与常规的"办文、办会、办事"相比，工作方式更加规范化、工作内容更加综合化、工作形式更加多元化、应用工具更加智能化。

随着社会治理结构和治理体系现代化，高校办公室的职能内涵也随着行政体制管理的改革，而不断延伸和拓展。高校办公室从综合管理转为综合服务。主要发展趋势由综合协调、上传下达转变为服务管理、服务发展、服务决策、服务落实。从办公室职能内涵延伸来看，信息收集、督察督办、出谋划策、资源调配、公共关系等作用越来越发凸显。高校办公室也从事务处理转变为综合统筹的关键。随着互联网的发展、高校职能内涵的外延，高校办公室的职能需要紧跟改革步伐，不断整合和创新式发展。

二、高校办公室的特点

高校办公室是学校的综合办事机构，为领导班子服务最直接，联系各部门最广泛，保障学校党委、行政工作最关键，在学校各部门运转中最核心，居于承前启后、协调各方的中枢位置，在学校全面发展和改革的全局工作中具有特殊重要的地位和作用。学校办公室文秘工作人员发挥自身潜能，立

足做好本职工作，把每个工作环节有效衔接，需要对学校办公室的特点深刻
了解。

（一）工作核心人文化

与行政机关、企业、其他事业单位相比，高校的办学核心为"立德树人"，
办公室作为高校的窗口，所有的工作更加需要贴合"以人为本"，以服务的心态，
对人办事，这样才能更好地服务于学校发展。一般情况下，学校的最终目的
是服务学生，学校办公室直接或者间接与学生打交道，与各部门和系部协调
来开展服务，学校办公室的人文特点需要被强化。

（二）工作内容多样化

高校办公室工作内容繁多，大到涉及学校规划发展，重点难点问题，小
到学校生活工作安排，工作内容的广泛性导致工作综合性特征。况且，随着
高校办学规模不断扩大、业务范围不断扩展、学校之间竞争趋势加大、新政
策新变化层出不穷，除了常规型业务范围，高校办公室的业务范围和要求随
时进行调整。学校全局性专项发展工作小组的成立往往归纳入办公室，协调
多个部门和多层次人员完成专项工作任务，高校办公室面对的工作对象不再
是单一的，随着新形势不断变化，科室综合性特征和对人员素质要求都在不
断攀升。

（三）工作流程科学化

高校办公室是各个部门及系部开展各项工作的重要保障，规范高效是高
校办公室运转服务的目标。高校办公室往往会面临突发性、应急性工作任务，
依法办事，有规章可循，公正处理才能促使各项任务有条不紊地完成。

（四）工作信息保密性和公开化

一方面，高等学校是国家行政事业单位的重要组成部分，是产生、存储

和传播国家秘密的重要单位，高校办公室工作人员是保密队伍的重要组成。目前，现代化信息技术手段丰富，涉及隐蔽性强，传递媒介渠道多，高校办公室是政策制定和信息的发布部门，办公室工作信息保密性显得尤其重要。另一方面，随着法制化发展进程的加快，社会契约精神的传播，社会及服务人群对高校涉及收费、招标、招生、教学等工作尤为关注。高校办公室除了需要保密的相关内容外，需要规范化管理，及时主动公开相关信息和制度，帮助高校运营管理在阳光下，主动接受群众、社会、媒体及监管部门的监督。

（五）工作平台智能化

智慧校园是校园文化建设的重要组成，信息化和无纸化是已经成为当前高校管理服务发展的新特点。树立现代管理服务意识、掌握各类办公自动化软件，能够精简工作流程，处理多重任务，有效提高办公室工作效率。

三、高校办公室文秘基本素养和能力

习近平总书记对中央办公厅人员提出了"五个坚持"的要求，"五个坚持"的要求同样适用于高校办公室文秘。新时代要有新想法、新气象、新作为，高校办公室文秘迫切需要紧跟时代进步，创新工作方法，提升专业素养和能力，创造性地开展工作，做好了解学校基本情况的眼睛，分析判断情况的智囊，落实工作任务的帮手。

（一）政治素养方面

对党忠诚是高校办公室文秘的首要政治品格，增强党性修养和保持政治意识，在大是大非面前头脑要清醒，旗帜要鲜明，要经得起大风大浪，以及各种诱惑，决不能在政治方向上走偏。树立大局意识，关心学校全局工作发展，围绕大局贡献力量和智慧。

（二）工作作风方面

高校办公室往往承担的工作任务着关乎学校全局，往往繁事交叉，急事交错，每件事情虽细小，但都非常重要。文秘人员要有服务意识，做事要精益求精，乐于奉献。要有责任意识，做事决不能推诿扯皮，敷衍了事，要真抓实干，面对问题，要敢于直面问题，迎难而上。要有很强的执行力，做事雷厉风行，并且讲究质量，高标准要求自己。要有创新的思想，在勤恳工作的前提下，大胆尝试，积极主动，多层次多角度解决问题。

（三）业务能力方面

一是，高校办公室文秘需要扎实的文字功底，日常工作中，认真学习各类文件精神，领会文件内涵，为创造写作提供政策精神支持。工作之余，要广泛阅读和思考，创造性地开展写作练习。二是，高校办公室文秘需要多方面的文化素养，掌握学校发展情况、各部门及系部分工、各领域知识，增强理论文化素养的同时要增强观察力，综合分析能力和处理问题的智慧。文秘人员需要懂得理论政策，有基本理论功底，善于沟通表达，懂得独立思考。三是，办公室文秘具备良好协调能力，做好各项管理服务工作。在与人打交道的同时，了解领导、同事、服务对象的思维习惯、工作习惯、沟通方式，在磨合和发展中不断提升沟通协调悟性。四是，要有不断学习，操作信息化设备的能力，掌握传真、网络、复印机等使用，提高办事效率，保证工作质量。五是，学习能力是办公室文秘的基本功，也是办公室业务发展的需要，在实践中摸索高校发展规律，了解和收集行业前沿发展信息，把握学校发展状况，不断学习，才能推陈出新，锻炼良好的文秘素质，更好地开展工作。

（四）精神气质方面

学校办公室是学校服务的窗口，办公室文秘一定程度上代表了学校的形象和风格。办公室文秘需要有整洁的仪表，饱满的精神状态，和蔼的形象，礼貌的言语，良好的社交礼仪。

四、结语

随着社会变革，高校内涵化发展，办公室加强管理、增强服务、拓展职能成为题中之意。办公室文秘需要紧扣学校办公室的工作特点，找准定位，提高个人素质和能力，以自身努力促使学校高质量发展。

参考文献

[1] 张博，"三个服务"与"四化建设"：新时代高校办公室职能优化的新路向 [J]. 当代教育实践与教学研究，2019(12).

[2] 陈华，新时代高校办公室工作的内涵特征及要求 [J]. 管理观察，2019(03).

[3] 冯新尧，新形势下高校办公室职能探究及建设 [J]. 智库时代，2018(08).

[4] 王军锋，提高办公室文秘工作质量和水平的有效策略分析 [J]. 科技经济导刊，2018(08).

[5] 吴娜，胡建慧，基于微培训的高校文秘人员能力提升实践探讨 [J] 课程教育研究，2017(06).

美国社区学院发展历程及启示

吕文庚

摘要：美国建设社区学院历史较早，发展经历多个历史阶段，不断完成历史使命，仍然能够活跃于美国高等教育界。二十多年前，我国意识到社区学院的重要性，学习美国建设社区学院。我国社区学院发展到现阶段遇到诸多困难和问题，我们对美国社区学院发展历程进行研究以期获得启示，美国社区学院也遇到过生源不足、毕业率低、教学内容对学生应用指导不力、满足社会需求率低等我国社区学院现有问题。美国采取过加强社区学院和四年制高校联系、建立社区学院和行业伙伴关系、扩大社区学院服务学生范围、改良教学方法和策略、使用新教学技术等措施。这些改革措施对我国社区学院建设具有重要借鉴意义。

关键词：美国 社区学院 发展问题

美国社区学院最早出现在二十世纪初。社会变革促进了社区学院的发展。最为明显的就是工业的爆炸式发展需要大量受过培训的工人。而社区学院具有培养有素质的劳动者作用，由此登上了历史舞台。在社区学院出现以前，美国职业手艺人是依靠师傅带徒弟的模式进行技艺传承，也就是学徒制。在十九世纪三十年代以后逐渐出现工业生产技艺相关的培训学校，包括培训技术工人教师的学校和一些职业学校。这些职业学校教授的课程大部分都是符合当时的工业生产需要。主要招收社会上青年人群和在岗人员，学习冶金、绘制工业设计用图、纺织等方面课程。也曾作为高中教育的延续。美国的第一所社区学院在 1901 年诞生，是公立初级学院。社区学院正式作为高等教育的一部分。出现后经历如下几个阶段：第一，作为二年制普通学校为大学培养生源，教育退伍军人，如二战后为队伍军人提供职业培训促进其顺利转业。第二，因美国国家战略需要科技迅速发展和大学毕业生（四年制）就业难问题凸显，职业教育得到重视促进社区学院大力发展。第三，培养高职人才和出现转入四年制大学的转学制度阶段。第四，进入二十世纪以来，社区学院发展到了新阶段。

现阶段美国社区学院继续进行二年制转学制度，在两年内对学生进行语言、数学以及大学公共基础课程教学。为学生提供一些能转入四年制大学继续就读的名额。就读学生多数是由于家境贫穷，家离学校近学习方便、为参加职业教育或因成绩较差无法直接升入四年制大学等原因通过社区学院接受教育以便升学或者就业。部分四年制大学承认在社区学院就读学生的前两年学分，可以直接转学到新学校大三继续就读。美国许多四年制大学和社区学院之间关系密切，并且有相关政策支持，如四年制大学学生可以通过假期在社区学院学习一些课程获得学分。

转学制度和学分共享模式可以借鉴，在我国社区学院生源数量逐年萎缩，社区学院需要与其他类型学校加强合作，以求发展。通过在社区学院学习，学分受到全日制大学认可，可以扩大社区学院的服务群体。加强和普通高校的联系可以促进社区学院进步。

美国社区学院与行业协会加强合作，发展成为伙伴关系。教育受到经济和政治环境影响较大，近几十年来，因为技术快速革新和全球竞争日益激烈，美国政府迎接挑战，意识到高等教育为高技能人才方面的重要作用，而社区学院正处于高等教育和现实世界二者的交叉点，美国政府由此重视美国社区学院建设，克林顿总统曾在公开场合表达过美国社区学院是美国高等教育的特色，奥巴马也对社区学院建设非常重视，多次去美国各地社区学院参观指导，提出许多社区学院建设目标，要求调高社区学院毕业率。奥巴马曾经定下在2020年美国大学毕业生占总人口比例达到全世界第一的目标，政府对社区学院的重视促进了社区学院大发展。美国社会需要的是有技能、能创新和有商业头脑的复合型人才。在美国商界和教育界合作，形成社区学院 – 产业伙伴关系，这种新形式的合作模式是以就业为导向非常务实的合作关系。这样合作培养的人才是知识渊博、技术过硬和敬业能干的高素质公民。也能够让社区学院做到为四年制大学提供中转、职业教育和发展性教育三大历史使命加以整合和实现。美国社区学院发展中也遇到一些问题，如毕业率低，社区学院内全日制学生毕业率约为22%，业余生的毕业率15%。当前教育只是一堆人在教室小空间学习，不能为学生提供让生活、工作和教育能达到平衡的教育，新职业主义提出教育要满足现实、重视价值观应用和工作经验的传授。社区学院和行业协作，在社区学院和个人工商户、公司集团、行业协会等个人和组织建立伙伴关系，他们提供人力、物力和资金。社区学院能够充分利用所有合作伙伴的资源开发一些新职工和老年人参加的学习项目，用于他们职业能力提升和提高素质的非传统课程，这些都能促进区域的经济发展和劳动力市场需要。哥伦比亚学院组织教师去企业参观，亲自体验需要教给学生哪些内容才能真正让学生学习后就能上岗。

对此，我国社区学院也应加强与行业协会、企业等合作关系，我认为建立合作有以下注意事项，第一，需要行业和社区学院确定共同目标使命，如培养学生促进经济发展和回报社会的共同目标。第二，需要健全合作机制，制定合作方案，明确各方责任，形成管理制度。第三，讨论双方的共同合作伙伴，如工会、社区组织等，充分发挥共同合作伙伴的作用。这是一项改革，需要社区学院和行业合作伙伴共同努力，社区学院的教师和企业人员要探讨教学方式，如在企业工作环境下进行教学和练习。要把社区学院要把教师送到企业去实践，亲自体验学生需要学什么，教师要教给学生什么内容。把学生也送到企业工作岗位学习，对学生的出勤率不是按在教室出现统计而是按照实际参与企业劳动演练的情况。注重情境化教学，模块化教育和以能力为本的教育，并且形成学得好就能快速拿学位的模式。

美国大企业层遇到招工难问题时，一些夜班员工纷纷辞职，企业留不住人社区学院、社区与大企业合作，实行大都会学院计划，由招工企业和政府共同为学生负担学费，并给予学生各种优待，如报销学生活动费和停车费用等，并帮助学生做好就业准备，如组织简历制作和面试指导。事实证明这个计划成功了，企业人员流失率下降，再也不用频繁大量招收新员工，提供全职和兼职工作机会，让学生学习赚钱两不误，高技能人才流失率降低，促进了经济发展。我国也应积极学习这些新模式，如这些公司的学徒和合作项目培养的人才模式。希望我国社区学院培养的学生也可以像美国社区学院毕业生一样为我国航母等军事武器装备建造和船舶和交通设施建造做出了贡献，提高国家安全系数。学校应对表现良好的学生提供学历提升推荐，公司为优秀学生提供职位晋升机会。美国的诸多模式对我国社区学院的建设有借鉴意义。美国该项计划的发起和成功，离不开社区学院对区域经济社会发展的敏锐把控，积极解决区域经济发展的问题也是为社区学院自身发展寻找出路。

• 社区学院网络教育方面。近年来，美国社区教育进行网络教育模式。由于美国的社区学院学生年龄结构在发生变化，美国社区学院学生平均年龄在28岁，中年学生比例在加大，年轻学生也不少。不同年龄段学生们如何能够应对教学方式的新变化，如在线教育，关系着教学质量高低。如今，我国社区学院学生结构状况是：一方面，社区学院培养的年龄较大的成年人越来越多，他们往往拥有相当丰富的工作经验，他们重返校园来提高受教育水平。这些年龄较大的成年人受益于网络教学的灵活性，成人学生具有独特的心理学特征，这些特征影响着他们如何学习，需要特定的风格的社区学院教师进行指导。成年学生性格更加独立，在学习方面也更加独立自立。另一方面，社区学院也有许多年轻学生，如高中刚毕业的。这些年轻学生和年龄大的学生有不同的学习心理特征。年轻的学生需要发展型教育。与年轻学生比，成年学生内在学习动机更强，与个人生活密切相关的因素驱动其学习。这提示我们要注意对不同年龄的学生采用不同的教学方法和方式，成年人需要教学方式和教学设计有灵活性。成年学生会将以前的生活和工作经验应用贯穿学习过程中。因此教师要做到因材施教。成年学生的生活方式会影响学习。成年学生往往承担更多的责任，日程安排繁忙，工作、照顾家庭，还要完成学业。工作和家庭对成人非常重要。家庭中有子女和老人需要照顾，学习时间就需要灵活一些，才能完成学业。而青少年学生更需要成长和发展，年轻一些的学生由于成绩差没有考上四年制大学，又没有工作经验，学习上容易缺乏自信心。要求授课教师和班主任审慎对待各种班级类型。混合式学习系统可以让学生既享受线上学习的便利性和灵活性，又能保留面对面学习体验。不断变化的学生群体要求社区学院满足不断变化的学生需要，教职工和管理人员要想方设法确保为学生提供高质量和现代化的教育。

历史上，社区学院在美国是追求经济发展的途径。社区学院在早期给贫困人口和工人阶级进行高等教育。最初高等教育是奢侈品，并非人人都能获得，只有少部分人作为高级阶层能够享受的高等教育，是自由的教育。社区学院出现改变了这种局面，社区学院让更多的人有接受高等教育的机会，并能将在校所学应用于工作，通过读社区学院获得高薪工作，提高个人经济水平和社会地位。美国社区学院在教育移民、少数民族教育和妇女发展等方面发挥重要作用。我国社区学院在国内也发挥普及高等教育的重要作用，希望我国社区学院能办好以学生为本、应用为本的教育。

参考文献

[1] Allen I E, Seaman J, Babson Survey Research Group. (2011). Going the distance: Online education in the United States, 2011. Babson Park, MA: Babson Survey Research Group.

[2] Cohen, A. (2003). The American community college (4th ed.). San Francisco, CA: Jossey-Bass.

[3] Compton, M., & Schock, C. (2000). The non-traditional student in you. Women in Business, 52(4), 14.

[4] DeCastro, Belkis S. and Karp, Melinda M., A Typology of Community College Based Partnership Activities, Community College Research Center for Office of Vocational and Adult Education, January 2009.

[5] Di Xu, J. (2011). The effectiveness of distance education across Virginia's community colleges: Evidence from introductory college-level math and English courses. Educational Evaluation and Policy Analysis, 33(3), 360 - 377.

[6] Dunbar, A., Hossler, D., & Shapiro, D. (2011). National postsecondary enrollment trends—Before, during, and after the Great Recession (No. 1). Herndon, VA: National Student Clearinghouse Research Center.

[7] Franco, R. (2002). The civic role of community colleges: Preparing students for the work of democracy. The Journal of Public Affairs, (6), 119 - 138.

[8] Jaggars, S. S. (2012). Online learning in community colleges. In M. G.

Moore (Ed.),Handbook of Distance Education (3rd ed., pp. 594 - 608). New York, NY: Routledge Books.

[9] Jaggars, S. S., Hodara, M., & Stacey, G. W. (2013). Designing meaningful developmental reform (Research Overview). New York, NY: Community College Research Center—Teachers.

[10] College, Columbia University.Knowles, Malcolm Shepherd. (1980). The modern practice of adult education: From pedagogy to andragogy. Cambridge, MA: The Adult Education Company.

[11] Levine, A. (1993). Student expectations of college. [Editorial]. Change: The Magazine of Higher Learning, 25(5), 4 - 4. doi:10.1080/000913 83.1993.9939896

[12] Markowitz, M., & Russell, A. (2006). Addressing the needs of adult learners, 3(2). American Association of State Colleges and Universities.

[13] Meyer, K. A. (2006). Cost-efficiencies in online learning. Wiley/Jossey-Bass. Mishel, L. R., & Roy, J. (2006). Rethinking high school graduation rates and trends. Economic Policy Institute.

[14] Mullin, C. (2012). Why access matters: The community college student body (No. 2012- 01PBL). Washington, DC: American Association of Community Colleges.

[15] Quigley, M., & Bailey, T. W. (2003). Community college movement in perspective: Teachers College responds to the Truman Commission. Scarecrow Press.

[16] Ravitch, D. (2011). The death and life of the great American school system: How testing and choice are undermining education. New York, NY: Basic Books.

[17] Simpson, O. (2013). Supporting students in online, open & distance learning. London: Routledge.

疫情期间关于组织开展开大网上教学的几点思考

毛雪燕

摘要：本文从教务管理者角度，归纳总结了受新冠疫情影响，响应教育部"停课不停学"号召开展网络教学期间若干值得思考的问题。从学院整体部署、软硬件条件运行保障、教学效果反馈、网络教学组织、相关人员心理疏导及网络教学趋势等方面，分析了开大网上教学存在的问题并初步浅析了解决办法。希望通过及时总结梳理存在问题，能够寻求适应疫情防控长期、常态形势下的教学方式。

关键词：疫情 停课不停学 网上教学

2020年初一场突如其来的新冠肺炎疫情，让中国全体大中小学师生的寒假被迫无限延长。面对疫情不能空等，教育部发起"停课不停教，停课不停学"的号召，学院广大专、兼职教师在学院疫情防控部署和开展网络教育教学精神指导下，结合开大远程教育优势将本学期面授课程全部转为在线教学，一边摸索实践一边总结完善；相关教务管理人员夜根据教师需求及时提供保障服务，尽量解决教学中出现的实际问题，力保完成既定教学任务，平稳过渡到疫情结束。

作为一名教务管理人员，本人在疫情期间承担了部分课前组织教学工作，在线上教学开展过程中及时收集反馈教师诉求，探寻解决办法，并与每位授课教师讨授课方式的适用性，归纳总结出几点网上教学值得思考的问题。

一、学院层面实施网上教学前期探讨、统一部署的重要性

面对全国乃至全球范围内突如其来的疫情和诸多不确定时间、地域、人员等因素的困扰，在政策层面上做出及时适当的响应并给出工作方向，根据可能面对的困境和面临的条件限制做出相对全面、统一的部署，就成了顺利开展面授转网上教学的关键。管理人员应该尽量预估可能会出现的所有教学环节的问题并根据经验和经过前期论证后，细化指导思想，将实施方案中涉及的线上教学每一环节量化为可以一目了然的"怎样做"，包括网上教学的实施范围、教学组织方式、教学工具的选择、课堂教学的监督等问题，让一线教学人员在领会精神的前提下可以根据部署顺利开展教学活动，避免探讨政策覆盖面、涉及的相关环节等步骤。

二、网上教学开展过程中软、硬件条件及教学运行环境的保障

在线教学师生互动受限，达不到面授课堂靠一个眼神即可交流的程度，加之市面上教学平台五花八门，不同课程教师仅根据自己的见闻和别人的推荐，选取采用不同的工具软件，作为学生有可能会面对开了几门课就要下载几个软件的状况，会造成学生有些难以适应。目前开大业务本学期共开设非实践性质面授课程58门，采用各种平台直播的有20门，录播的2门，其余

36门课采用微信、QQ群等方式教学,而直播的课程又用到腾讯会议、腾讯视频、企业微信直播、微信群语音直播等多种软件和方式,因此会出现各种状况。

(一)面对各种教学平台横空出世,师生使用不熟练

疫情突发状况下,国内几大商业平台如腾讯会议、腾讯课堂、云课堂等限时免费,为广大教师提供了成为线上课堂主播的机会。受到首次使用缺乏系统培训、面对各平台都生难以择优使用等条件限制,多数直播课程在开始的一两次课都处于摸索期,并出现频繁更换授课平台的现象。

(二)受网络环境限制,直播卡顿

网络授课直播、录播为了保证教学内容的连贯性,就注定会有时间长、对网络环境要求高等特点,一旦网络环境不稳定,出现学生只能看到画面停止听不到声音或只闻其声不见其人,又或者黑屏的状况,严重影响教学秩序和教学效果。

(三)硬件条件难以保障

网上授课开展到现在,授课教师身处全国各地,身边可以利用的设备如电脑、平板设备、智能手机几乎齐齐上阵,操作环境和设备更新基本难以保障,也限制了网上授课的顺利开展。

(四)教学数据无法统一管理

直播、录播、微信群、QQ群等方式授课,仅能保证授课现场的教学数据即时共享,但课程结束后学习资料的存储下载、再次使用等都受到条件限制,无法做到统一管理、统一发布。

(五)各种问题出现对教务管理和技术支持人员提出了更高的要求

面对首次使用各种授课平台的课程教师随时可能会提出的技术或非技术

性问题，教务管理人员几乎授课全时段在线，以便应对解决各种突发状况。但分身乏术加上受使用权限和专业知识限制，仅能协助解决部分技术性不太强的问题，面对软件环境、硬件设施等专业性问题同样束手无策，只能寻求更加专业的技术支持，不可避免的造成了课堂教学的终端。

三、需要及时注重教学效果反馈

网上授课阶段，授课教师与各专业学生频繁在各种平台、沟通软件中切换，势必造成课前课中课后部分割裂，给教学的组织和开展带来了一定的难度。这就需要授课教师和教务管理人员及时收集学生对教学的反馈意见和建议，经过商讨寻求出相对合理科学的解决方式。但解决方式也局限在更换授课平台、教师重复在平台或群中梳理授课重点等有限的几个费时费力的方式，难以探寻出更好的解决办法。

网络授课后期还可能会面临教师批改作业困难、学生评教困难、教学环节难以形成闭环管理的问题，并由此可能会催生一系列工作绩效难以评定的管理问题。

四、网络教学模式下的教学组织

目前开大教育板块本学期有正开课程 8 个专业共 25 个教学班，采取的教学组织方式是：教务管理人员进到每个自然班级的班级微信群内，根据不同课程授课教师的授课方式，在课前组建跨年级跨专业的课程微信群，通知每个自然班级的学生加入课程教学群；或在课前将授课教师提供的直播、录播连接发送至各个自然班级群。大工作量的重复性劳动使得教务管理人员每天疲于辗转在六七十个班级微信群、课程微信群内发布课程信息、收集学生反馈，不仅没有效率和技巧可言，一旦课程信息发生变化需要调整，工作量极大难以保证信息的准确传达造成了工作的瓶颈。

如何运用现代化高效的管理方式，从思想上开拓思路，为组织教学提供强有力的支持，提升发布信息的准确度并优化工作流程，就成了能否提高工作效率，将工作重点转移到课程安排的合理性上而不是重复劳动的关键所在。

五、对相关人员及时开展心理疏导

网上授课运行几个月以来，几乎每位授课教师在第一次上课和后续每次上课的半节课左右时间，都承担起了减轻学生思想负担、平复学生烦躁情绪和建立学生自信心等疏导学生心理的责任，挤占了部分属于教学的课上时间。与此同时，授课教师与教务管理人员在精神上也面临着诸多压力，比如：网上授课阶段的时间不确定性、授课效果不确定性、考试时间方式的不确定性、如何能既保证教学效果又能照顾到成人学生的工学矛盾、对于全方位网络教学是否认同、教师与教务管理人员能否达成统一的共识等等问题。因此，一线教师与教务管理工作人员一面承担着疏导学生心理的职责，同时自己作为工作人员，内心的疑惑和焦虑也逐步积累，难以寻求答案并寻找到适当的排解途径。此时就需要学院考虑到整体部署和各岗位工作性质不同的特点，及时安排相应的心理课程或是相关的训练和培训，让工作人员能及时消除疑惑思想、打消顾虑，调整工作心态，增强自信心，保持积极向上的工作态度。

六、网上教学是不是学历教育及非学历教育的未来趋势

重大事件的发生往往催生着新事物的发展，学历教育和非学历教育的教学未来发展趋势是什么？与传统的面授课堂相比，网上教学无疑有着不可比拟的优势：不受时间空间限制、免去了奔赴学校的舟车劳顿、24小时可以线上提问等待答复等等。但如此大规模、全覆盖的网上授课能否保适用于所有学生、所有教学内容并保证教学效果？诸如实践类、实操类课程也能完成教学任务么？教学不是一味地堆砌设备、内容，这样既妨碍了学生对教学内容

的"消化"，也带来了运维管理的问题，同时也不可能符合现代教育以人为本的理念，将"以教师为中心"的教，逐渐转变为"以学生为中心"的学。

网络教育不是突如其来的新事物，从开大远程开放教育实施至今几经改革探索，已经走过了二十余年，但课程全覆盖、大规模实施网上授课，这还是首次。疫情的突发不仅考验了政府处置突发公共事件、卫生系统处置公共卫生危机的能力，同时也引发了教育行业从业者的深度思考。作为新时代下的教育工作者，面对日新月异的科技进步、信息迅速更迭，如何能充分发挥自身优势，破除空间和时间的限制，将成人教育发扬光大，是我们一直需要不断思考的。

参考文献

[1] 郑勤华，秦婷，沈强，等.疫情期间在线教学实施现状、问题与对策建议 [J]. 中国电化教育，2020(05).

[2] 申明睿.新型冠状病毒肺炎疫情背景下线上教育面临的机遇与挑战 [J]. 中国现代教育装备，2020(06).

新时代留学归国人员创业
指导性培训的探究

祁新宇

摘要：2014年9月李克强总理在夏季达沃斯论坛的讲话提出，要在中国大地上掀"大众创业，万众创新的浪潮"。随着人社部启动了《中国留学人员回国创业启动支持计划》（人社部，2009），越来越多的海外学子，华人华侨归国创业。但是在回国的创业的过程中往往出现水土不服，文化差异，对国家相关扶持政策的了解不充分等相关因素造成创业过程中出现了一些不必要的问题。文章从阐述对留学归国人员进行创业培训的意义，分析了开展指导性培训的途径与手段，提出一些建议，为留学归国人员指导性培训的开展提供了参考。

关键词：留学归国人员 创业 培训

一、调查留学归国人员在归国创业中的一些痛点

（一）选取调查对象与调查问题

该次调查的目标群体为 2018 年之后的留学归国人员，调查地点选在海淀中关村创业大厦（留学归国人员创业产业园）。选取了两家科技公司的 CEO 作为访谈样本。

主要是访谈内容如下。

（1）归国之前留学所在国家。

（2）归国创业的时间。

（3）归国创业的动机。

（4）在创业过程中对相关扶持政策是否足够了解。

（5）创业过程中对接融资是否顺畅。

（6）在创业过程中是否遇到文化差异。

（7）归国创业期间生活上是否遇到一些问题。

（8）相关指导性培训是否有必要性，需要哪些类型的指导性培训。

（二）调查结果

本次访谈样本归国前所在国家分别为澳大利亚与荷兰，归国创业时间分别为 2018 年与 2019 年。归国创业的动机同是，因国内近五年经济发展向好，市场巨大。国家人社部等相关单位，对留学归国人员提供很多的便利条件，例如海聚工程，千人计划等。对入驻相关办公园区的科技型创业企业给予免费办公场地，以及不少于六位数的开办费等等。

根据访谈情况，归国人员在创业过程中对国家相关扶持政策有一些了解，但是了解的还不够全面与充分。本次访谈地点为北京，但是各个省份对不同

类型的创业公司有不同的扶持政策，例如大数据人工智能类的创业企业的扶持政策北京会多一些。自动化，制造类的创业企业江浙沪会偏重一些。受访者对相关政策的了解还不是很全面。

受访者在创业过程中，国内融资以及风投的一些对接方式。与投资人的沟通技巧等还存在着一些问题。在创业过程中遇到了一些文化差异。主要是在国外生活时间较长，经常用在国外的思维来想问题，所以在一些情况下会碰壁。受留学生中长期存在的"culture shock"理论影响（Shock，2010）。

受访者在生活中也遇到一些问题，例如住房，出行，社交等方面的一些问题。受访者一致认为需要某些学校或者机构提供一些指导性的培训，主要内容针对相关扶持政策、法律法规、权益维护、文化社交以及融资对接等相关方面。

二、调查结果的分析。

根据受访者所回答的问题，都是因为中国近些年来经济的飞速发展以及相关的政策扶持，吸引他们归国创业。主要存在的一些痛点为对各地的扶持政策了解不够高充分，在创业的过程中对存在的一些文化差异还不够适应。

三、指导性培训的一些途径与方式

（1）充分利用高校资源，利用一些高等院校的培训中心，发挥高等院校的专业优势，针对不同领域的创业者做一些国内专业领域行情的一些宣讲培训。例如一些交通类院校，可以对自动驾驶，人工智能无人驾驶等方面的一些科技公司，进行相关政策的指导性培训。一些区属成人高校，可对接各区组织部所属的海外学人中心进行一些相关扶持政策指导性培训。提供一些短期的研修，研学等方面的培训，增加留学归国人员的归属感与凝聚力。

（2）各地职能部门可组织一些专项专场类的培训说明会。介绍各地相关扶持性政策，例如北京对留学归国创业人员提供中关村创客小镇福利性的住房。但是发布渠道不畅，很多创业者不了解这些政策。以及一些创业园的入驻要求，所需材料等相关内容。各地职能部门可委托高校或者社会培训机构进行针对性的指导性培训。

四、结语

根据调研与分析，目前留学归国创业人员人数在日益增多。各类型的培训与政策宣讲还不够充分，该领域培训需求很大，目前尚无充分的组织。高校与社会培训机构应针对性的，协助各地职能部门进行组织与培训。

以老年教育促进城市老年群体社会参与的实践与思考

——朝阳区老年教育实践探索

孙国华

摘要： 人口老龄化问题是当前中国面临的主要问题，而促进老年群体社会参与是解决老龄化问题的重要举措。本文从老年群体社会参与的条件与制约因素分析入手，结合北京市朝阳区的实践探索，总结出以老年教育为载体，通过理念宣传引领、内容与途径拓展、参与能力与素质提升、激励机制建设等措施来促进老年群体社会参与的有效路径，以为城市老年群体社会参与的促进工作提供借鉴与参考。

关键词： 老年教育 社会参与 实践与思考

随着老龄化社会的到来，我国老年人口的比率在快速增长。根据预测，到 2030 年我国 65 岁以上老年人口将达到 2.68 亿，占总人口的 19%；而到 2050 年老年人口的总数预计将达 4 亿左右，占到我国总人口的近三成。如此庞大的老年人口数量意味着巨大的老年社会服务需求，需要更多为老服务人力资源的投入，在这一现实背景下，动员一些身体健康的年轻老年群体积极参与到社会发展和建设中便成为解决这一问题的主要路径。

一、老年群体社会参与的条件与影响因素分析

老年群体社会参与需要具备以下三个条件：一是身心健康；二是具备社会参与的能力与素质；三是具备实现社会参与的路径与平台。影响老年群体社会参与的因素有很多，归纳起来主要有以下几个方面：一是对社会参与的认识和意愿，一些人认为自身年龄偏大，辛苦半生，终于可以回归家庭安享天年，不愿再重新参与到社会事务中；二是不清楚社会参与的内容与路径，有些老年人虽有社会参与的意愿，但却不知道自己能参与什么，如何参与？同时也存在一些社区由于资源有限，缺少师资和经费，无法满足老年群体参与需求的情况；三是一些老年人因自身素质或脱离社会太久，存在社会适应能力和参与能力不足问题；四是社会参与的激励机制问题，每个人参与社会事务都有自身的动机与需求，比如满足生存和安全的需要，缓解孤独感，实现个人的社会价值等，如果缺少社会参与的激励机制设计，就无法对老年群体形成社会参与的吸引力。

明确老年群体社会参与的条件与影响因素为老年群体社会参与的促进工作提供了前提和基础，那么采取哪些措施便成为解决问题的关键。

二、朝阳区以老年教育促进老年群体社会参与的探索

北京市朝阳区是人口老龄化较为严重的区域，截至 2018 年底，朝阳区 60 岁以上老年人口占比已经达到 25% 左右。相比其他年龄段的人口，老年人在经验、智力、文化等方面具有独特的优势，他们不仅是服务的对象，更是中国特色社会主义建设极其宝贵的人力资源。朝阳区充分认识到老年群体社会

参与的意义及满足老年群体文化教育需求的重要性，早在世纪之初便以朝阳社区学院为平台和载体，在认真分析老年群体的特点与需求、老年群体社会参与制约因素的基础上，结合自身的资源优势和发展定位，逐步明确了以老年教育促进老年群体社会参与的发展方向和实施策略，具体实践探索如下。

（一）举办老年教育国际论坛，宣传引领老年群体社会参与理念

人口老龄化问题不仅是中国社会发展面临的问题，也是整个世界面临的一大难题。早在 20 世纪后期，联合国就开始关注人口老龄化问题，并先后召开了两次老龄问题世界大会，通过了《老龄问题国际行动计划》和《政治宣言》，提出了把老年人参与社会发展和老年教育放在更加突出的位置，制定了积极老龄化的政策框架，包括独立、参与、照料、自我实现和尊严，要求各国在"健康、参与、保障"这三个基本方面采取行动。《政治宣言》进一步强调："老年人的潜力是未来发展的强有力的基础"。社会依靠老年人的技能、经验和智慧，不但首先改善他们自己的条件，而且还能积极参与社会条件的改善。这就使促进老年社会参与，大力发展老年教育，积极开发老年人力资源来应对人口老龄化问题的观点获得了国际社会的认同。朝阳区对大力发展老年教育，促进老年群体社会参与高度重视，联手北京东方妇女老年大学连续举办五届老年教育国际论坛，加强在老年教育方面的国际交流合作，借鉴国外老年教育先进理念和做法，宣传推广我国发展老年教育的经验与成果，扩大我国老年教育的国际影响力。同时通过举办老年教育国际论坛来研究朝阳区老年教育发展中的问题与对策，宣传普及积极老龄化的思想，引导老年群体树立"积极参与、老有所为"的理念。

（二）建立老年教育基地，拓展老年群体社会参与的内容与途径

老年教育本身就是老年群体乐于参与的重要内容。朝阳区通过建立老年教育远程网络教学点和老年大学分校的形式在街乡社区广泛建立老年教育基地，拓展老年人走出家门、参与社会的路径。自 2008 年开始，朝阳区借助北

京东方妇女老年大学的网络课程资源，在 43 个街乡和部分社区建立了 233 个
远程网络教学基地，组织社区中的老年群体在教学基地借助电视、投影等设
备共同观看"银龄课堂"3000 多课时的网络课程，共同分享交流学习体会和
心得；同时整合朝阳区老年大学资源，通过资金、师资等资源支持，在街乡
建立起了 9 所老年大学分校。这些基地和分校通过线上线下两种形式开设老
年群体感兴趣的课程，吸引越来越多的老年人参与到学习中。来广营老年大
学分校和潘家园老年大学分校常年开设了二三十个班，学员达到了七八百人。
其他一些分校的规模也在不断扩大，未建立老年大学分校的街乡对老年教育
的需求也越来越强烈。

（三）开设社区老年教育骨干培训班，培育并开发老年教育人力资源，提升老年群体的综合素质和社会参与能力

师资问题已成为制约很多街乡社区老年人参与社区教育的主要因素。朝
阳区自 2011 年 12 月开始尝试探索举办老年教育骨干培训班，由朝阳社区学
院在广泛调研的基础上，依据街乡急需的师资方向确定培训专业类别，聘请
优质师资，为街乡推选的"身体健康，有基础、有时间、有热情，志愿为街
乡提供教育服务的骨干"开展无偿培训。培训内容主要围绕三个方面：一是
志愿服务精神，鼓励学员们积极参与志愿服务，运用所学让更多的居民受益，
升华个人的社会价值。二是团队管理的知识和方法，让骨干们学会如何组建
团队、管理团队，如何带领更多的人为和谐社区建设做贡献。三是技能培养，
聘请高端专业的教师教授学员们乐器、合唱、舞蹈、书法、绘画、摄影、朗诵、
主持等技能，提升他们在专业上的能力和水平。经过初、中、高三期培训后，
学员自身的素质会得到很大提升，同时社会参与的意识、社会服务的能力也
会有突飞猛进的增长。他们回到社区积极发挥骨干示范带动作用，作为老年
教育的师资和文体活动队的队长，带领社区居民一起学习、一起服务。社区
老年教育骨干培训班从举办之初便受到了街乡的热烈欢迎，至今已连续举办
十八期，培训骨干学员 5000 多人。这些学员中 90% 以上的人回到社区后积

极参与到社区的教育、文化、治安、卫生及各类服务中，有近三分之一的学员作为文体活动队的队长或者诗书画、摄影等培训班的师资，不仅在居住的社区带队伍或授课，甚至到附近社区和其他街乡带队伍或授课；不仅自己积极参与到社会发展和建设中，为国家奉献光和热，还带动更多的老年人走出家门，参与到社会服务中。

除了培养社区参与的骨干学员，朝阳社区学院还借助区域成人高校的平台，为有意愿继续学习的老年群体提供学历教育的平台，圆他们年轻时因各种原因未能实现的"大学梦"。2016年开始招收老年学历班学员，四年中已有近600名老年学员参与学历教育的系统学习，并且已经有200多人顺利毕业，拿到了大学毕业文凭。这些学员在学习中进一步提升了自身的知识储备，结交了新的朋友，丰富了精神生活，也以实际行动带动了身边一批老年人重新实现了社会参与。

（四）深耕品牌项目，创新管理模式，为老年群体社会参与提供机制保障

朝阳区曾先后培育了多个社区教育品牌项目，较早的流动人口培训、千课下基层项目开始时主要是依托朝阳社区学院自身教师送课进工地、进社区、进企业，但由于自身师资缺乏，每年举办的场次和提供服务的内容也相对有限，无法满足街乡社区的需求。老年骨干培训班开办后，很多老年学员在经过几年培训后授课能力和专业知识已经有了较大提高，达到了师资入库的标准和要求，逐步完善到学院的师资库中，扩大了社区教育品牌项目的服务能力。此外，借助源源不断的老年教育师资，朝阳区又开发了传统文化进社区和温馨家园培训项目，组织骨干以授课、作品展示赠送、节目展演等形式为各街乡的居民和残疾人提供教育文化服务，项目收到了良好的效果，影响力越来越大。朝阳区建立了骨干志愿者师资库，并出台了志愿服务激励机制，凡是参与志愿服务次数达到规定要求的学员可以进到更高层级参与学习；凡是已经在基层带起自己文体队伍或已经开班授课的学员可以进入到学院社团参与活

动。凡是参与温馨家园服务的学员可以获得 200 元交通和误餐补助。每年的 12 月 5 日志愿者日，会评选出全区十大优秀志愿者为其制作专题宣传片进行全区宣传，并在全年的志愿者风采展示现场进行表彰。这些机制和措施大大激发了老年群体社会参与的热情，引导一批批老年学员参与到社会建设与服务中。

三、关于老年群体社会参与的思考

朝阳区以老年教育促进老年群体社会参与的探索取得了良好的效果，但从整体而言，也有很多方面需要进一步探索和思考。

（一）提高老年群体的社会参与率的空间较大

当前我国 60—69 岁低龄老年人口规模巨大，而且健康率高，是老年人力资源开发的主要对象。虽然低龄老年人力资源十分丰富，但其利用率和社会参与率却偏低。在调研中我们发现，社区中经常参与活动的老年人群体相对较固定，参与社区治安巡逻、文化活动、志愿服务的大部分是同一拨群体。还有很大一部分健康的老年人因种种原因未能实现社会参与。

（二）老年群体社会参与的政策保障还需进一步加强

目前国家在相关政策中提出了"六个老有"的目标，但真正实施起来，却缺少细化的政策支持，政策较多关注的是如何保障"老有所养、老有所医"的问题，在促进老年群体社会参与，实现"老有所为"方面，却很少涉及。

（三）老年人再就业问题在我国遇到的困难较多

很多单位的招聘中关于年龄均有限制，有些甚至直接限制在 50 岁以下。这致使大部分有精力、有能力、有社会参与意愿的老年人力资源无法得到有效的利用，导致了大量老年人力资源的浪费。

（四）促进老年社会参与需要系统谋划设计和社会各界共同努力

促进老年社会参与还有很多途径和方式，老年教育只是其中之一。做好这项工作既需要系统的谋划设计，更需要全社会的共同努力。要进一步加强理念引导，让更多的老年人认识到积极老龄化对于个人和社会的意义。要逐步建立起老年人才开发服务体系，使自发、分散、零星的开发转向有组织、有目的、有领导、有规划的统一开发。要建立老年人才信息库和中介服务机构。老年人一旦退休，便进入人才库备选备用，将信息录入人才信息库，有为需要的企业、社区提供丰富的老年人力资源支持。在全社会的共同努力下，创造利于老年社会参与的良好生态环境，让老年群体发挥自身的优势和特长，继续为推动科学发展及社会和谐事业建设"发挥余热"，"再创伟业"。

参考文献

[1] 黄富顺，高龄 . 学习 [M]. 台北：五南图书出版股份有限公司，2004：268-272.

[2] 李宗华，高功敬 . 积极老龄化背景下城市老年人社会参与的实证研究 [J]. 学习与实践，2009(12):114-121.

[3] 王英，谭琳 . 中国老年教育的可及性研究 [J]. 学术论坛，2010(8):173-177.

[4] 韩青松 . 老年社会参与的现状、问题及对策 [J]. 人口与社会，2007，23(4):41-44.

[5] 汪姝 . 积极老龄化视角下城市老年人社会参与意愿调查 [J]. 上海工程

技术大学学报，2017，31(04):371-375.

　　[6] 李月，陆杰华 . 我国老年人社会参与：内涵、现状及挑战 [J]. 人口与计划生育，2018(11):16-19.

　　[7] 张祥晶 . 积极老龄化战略下老年人政治参与状况及影响因素 [J]. 中国老年学杂志，2018，38(20):5082-5085.

　　[8] 刘颂 . 积极老龄化框架下老年社会参与的难点及对策 [J]. 南京人口管理干部学院学报，2006(04):5-9.

从"国学"与"国学经典"的内涵差异谈公共基础课《国学》的教学知识储备

王宏艳

摘要: 本文从"国学"与"国学经典"的内涵差异出发,将理论和所摘取的教学现实情况相结合,从"汉语言文字文学的系统知识""儒道释家的学术思想""各文化领域的知识与驾驭能力"三方面论证分析了《国学》课的教学知识储备问题。明确"《国学》的备课工作要不断完善不断加强上述三方面的储备量,此乃完成好教学的基本保证"的结论。

关键词: 内涵差异《国学》教学知识储备

随着社会的发展进步,我们的生活越来越丰富多彩——数据化、电子化技术手段的广泛应用,帮助我们从曾经复杂、烦琐的操作过程中逐渐解脱开来,许多曾经难以想象的梦想变成了轻易可控的现实。然,万事万物都自带"好坏参半、利弊兼容"的命理,随着物质利益而来的是越来越空洞的理想追求,和越来越淡漠的人性、社会生活态度。万众期盼的和谐共处、国家利益与社会发展也受到越来越大的挑战。

在这样的时代背景下，"国学"概念重新被提及，随后，《国学》课程逐渐走入课堂。意在传授、宣讲中华民族厚重且博大精深的民族文化思想及其典范作品，丰富国人的文化内涵，凸显国家的文化力量，强大中华民族的优秀影响力。

作为北京市独立设置的一所历史悠久的成人高校，我校在 2016 年 9 月将《国学》课程纳入到公共基础课程体系中并开始系统教学工作。同时，我有幸成为《国学》课程的首任主讲教师。

在持续三年多的一线教学过程中，我从各个渠道收集到不少直接（间接）信息，除了"学习热情高"的积极信息外，多是"小孩子才应该学的"或者"太深奥、太枯燥、文言表达不易理解"的消极信息。分析后发现个中主要原因：一是教学方式方法的不适宜；二是所设定的教学内容不科学。比较而言，前者属于"皮毛"问题，后者是"骨髓"问题。而大多数"骨髓"问题出现的原因，恐怕在于混淆了"国学"与"国学经典"的内涵差异。

"国学"不同于"国学经典"，二者存在着包含与被包含的关系。一旦混淆，其所被倚重的教育宣传作用恐将事倍功半。

国学，是一门内容包罗万象的学科，万物可用一理贯通。此个义理，既可以用于修身，亦可以用于治国，还可以用于处理人与天地万物之间的关系，具有极强的思想教育意义和实践性。

"国学"概念在我国历史早有记载。

从《周礼》到《汉书》《后汉书》，再到《晋书》，甚至南宋时朱熹始建的白鹿洞书院，最初是叫"白鹿洞国学"的。由此而鉴：历史上的"国学"概念是指"国立学校"。直到明初时，设中都国子学，后改为国子监，开设礼、乐、律、射、御、书、数等教学科目。"国学"概念从学校走向教育实践。

现代"国学"概念的形成过程与结果也是比较复杂的。

从形成过程看，因为 20 世纪初"五四"新文化运动的开启，"西学东渐"

之风在华人社会盛行开来，为了更好地区别"西学"与"中国之学"，便酝酿产生了以"中国传统思想文化学术"为内涵的"国学"概念。

在事实结果方面，学术角度给"国学"的通泛定义是"以先秦经典及诸子百家学说为根基，涵盖两汉经学、魏晋玄学、隋唐道学、宋明理学、明清实学和同时期的先秦诗赋、汉赋、六朝骈文、唐宋诗词、元曲与明清小说并历代史学等一套完整的文化、学术体系。"

因此，"国学"是一个完整地涵盖了中华民族自形成以来凝聚出的学术研究、学术思想、文化表现、文化作品、文化影响等一系列纷繁芜杂内容却又特点鲜明的文化体系。

再说说"国学经典"。

它是从国学中选择出的民族文化精髓，通常特指"诸子百家"为重点内容的文化思想和古典文学为重点内容的文学作品。其内容，不论"质"抑或"量"，都与国学有着较大差异。

连续几年教授成人高校公共基础课程《国学》，面对不同专业背景、不同学习基础、不同学习需求的学员，在不断调整教学方式方法的同时，我越来越清楚地意识到：《国学》的备课工作，需要在"汉语言文字文学的系统知识""儒道释家的学术思想""各文化领域的知识与驾驭能力"三方面予以不断完善、不断加强，此乃完成好《国学》教学的基本保证。

一、必须熟稔掌握并运用汉语言文字文学的系统知识

世界科学文化界对民族文化的产生、存立有一个共识，即民族文字的出现和使用。讲授《国学》课程，不论是外在的宣讲条件要求，还是内在的自身对国学系统知识的理解与诠释，都要求讲授者熟稔掌握并运用汉语言文字、文学知识。

某次课间休息时，几位学员围上来让我说说如何理解"名著"概念的界定。我将基本理论"一部作品（主题思想）若可以影响几代人、可以影响不同文

化背景下生活的人群，在传承的几十年甚至上百年里都能点化生活、警醒世人，那么，这部作品可以归入'名著'行列"说出后，看到他们并没有完全理解，便运用汉语言文字类知识举例分析名著《水浒传》——这部名著的主题思想，通过一个"浒"字完全显现出来，加之作品特定的内容和写作手法，自问世至今，令古今中外无数人感喟、叫绝。"浒"字，《说文解字》中指出"同'许'"，而"许"本音 hǔ，是拟声词，其在古文中多次被直译为"许许（hǔ）声"。再查找到《现代汉语词典》中解释"浒"意的结果，其中有说是"水拍击堤岸发出的声音"……

这样，我们可以完全认同"浒"字在《现代汉语词典》的字义，再把"浒"字结合小说主要内容进行类比分析，便可得到该作品在标题处就彰显出来的主题意义——揭示农民起义失败的必然原因。

类似的需要运用扎实的汉语言文字文学知识（能力）更好地解读国学体系内容的事体，在教学工作中时常出现。

分析先秦经典作品时，特安排一节课主讲诗歌，必提及著名的《诗经》、《楚辞》。多数学员比较熟悉《诗经》这部中国第一部诗歌总集，但对于《楚辞》，因为比较陌生所以总是很难进入最佳学习状态。尽管我"划拨"了历史名人屈原的生平轶事，尽管我声情并茂地分析了《楚辞》中著名的诗篇，但学员对"骚体诗"的学习兴趣始终恹恹。于是，"搬"出来"风骚"一词的由来"细磨"给学员体会——"风"特指《诗经》中的《国风》；"骚"特指《离骚》，因着《离骚》，世人认可屈原始创的"骚体诗"，也就是"楚辞"……"风骚"一词最早问世时，并非现在的贬义，是在述说文学创作的事实结果，泛指文学。后被纳入世俗生活中，才有了其他意思。

一番讲解，不仅换来了理想的课堂教学效果，还引发了学员们对先秦文学文化的极大关注，达到了预期教学目的。

随着《国学》课程的教学深入，逐步确定了熟稔于汉语言文字文学知识对于教学大有裨益的结论。因为，不论施教者还是受教者，不论受教者所在的专业背景，都是获益颇多。

二、要在深入了解后把握"儒、道、释"家的学术思想

作为一个庞大的文化体系，国学的根基在于"学说"，也即"思想主张"。而诸子百家学说，虽各有璀璨各显珠玑，但难以超越"儒""道"两大家也阻挡不住"释"家思想对中华民族发展的影响。前二者，始于春秋战国时期，完善于封建社会缔建成型，容纳着以孔子、孟子为代表的儒家学派和以老子、庄子为代表的道家学派的思想精华，更在几千年间影响了世世代代的中国人的价值观念，实为国学中的瑰宝。"释"家思想则是在进入中原大地后，迅速渗入到国人的生活中，以其特有的"怀柔""感召""内省"的思想存在样式，获得了越来越大的影响力。

所以，进行《国学》课的教学准备时，需要熟读（通读）《论语》《中庸》《大学》《孟子》等儒家经典与《道藏》《道德经》《庄子》等道家经典，还需要学习（关注）白话著的精粹文籍，如：南怀瑾先生的《禅海蠡测》《南禅七日》、元音老人的《禅海微澜》等。

积极主动且带着分析思考进行的认真阅读，定会在领会中华思想的厚重载阔和精深的同时，了然"儒家思想"不同于"儒教，""道家思想"不同于"道教"，"佛家思想"不同于"佛教"。此为教学的顺利进行奠定必要的学术基础。

有一次课前，先后有两位学员特意找我"聊"……先是一位上年纪的男学员要求我"您能不能从国学角度劝告一下我们班同学，别总在专业成绩上争来争去的……谁也不服谁，恨不能打起来分出一二，这真的不是我们进学校学习的初衷"；再是一位女学员问我"怎么拒绝身边朋友的游说，怎么才能过上轻松些的、自在些的日子？"……这些"聊"的话题内容，带着明显的"现世思想"和"人之常情"的文化痕迹，我便在课上合适的时间点，用儒家、道家的思想帮着进行了"点拨"——道家思想，究的是"自然之道"，讲的是"顺其自然""无为而治"；儒家思想，认的是"仁"、奉的是"礼"、推的是"义

知 信"。所以，从道家的"自然"原则，可以延展出"减法生活"准则——不随意给生活中添加自己不擅长的、自己控制不了的事（情绪）；而从儒家的"仁、礼、义、知、信"之道，特别是孔子提倡的"益者三友 损者三友"说和"君子三戒"说，也足以开解"困"在现实生活利益纠葛中的人们。

讲完理论后，我连问三个问题：

（1）"重新进入课堂学习的初心是什么？"（"顺其自然""无为而治""仁爱"）

（2）"人到老年时，做人做事需要恪守哪些原则？"（"君子三戒""仁爱"）

（3）我们的时间在做减法的时候，我们应不应该也给自己的生活做必要的减法？（"顺其自然""益者三友 损者三友""君子三戒"）

上述问题虽然不可能就此彻底得以解决，但至少，大家不再混乱地各抒己见，而是用学到的知识开始了认真的思考。事后结果证明，能在教学工作中适时、合理地运用所掌握的学术思想助教，是应该努力和坚持的教学手段和教学能力。

三、要不断加强并完善各文化领域的知识与驾驭能力

最多 51 课时通常 20 至 32 课时的《国学》课程，因着"国学"不同于"国学经典"的差异，安排的教学内容至少要考虑这几个系列。

（1）"国学"概说（从历史发展和文化发展的角度解析"国学"概念）。

（2）汉字汉语常识（从汉字产生、发展和汉字构字意图、汉语语法与修辞角度解析"国学"所传递出的思想文化的准确要义）。

（3）中华思想辑要。

（4）先秦典籍故文（文言）。

（5）经典诗词歌赋（《诗经》到宋词的文化文学表现与社会影响）。

（6）民风民俗民间文化（分别讲析"民风""民俗""民间文化"的理论知识和作品表现）。

（7）适用的文化常识（就产生普遍影响的"大众文化"表现进行展示、

分析）。

上述教学内容的构想（实践），客观证明了教学准备者需要不断加强并完善传统文化各领域的知识与表现的观点。

下面通过"民风民俗民间文化"知识（见解）的准备工作，对"不断加强与完善"做出分析说明。

（一）关于"不断加强"的解析

"不断加强"主要是指就所提出的概念（观点）的持续清晰（去边缘化）。

因为长期以来的表达习惯，许多人把"民风"与"民俗"混为一谈，认为是二者是一体的。其实不然。

经学术研究结论，"风"指由自然条件的不同而造成的行为规范差异；而由社会文化的差异所造成的不同的行为规则，称为"俗"。所谓的"百里不同风，千里不同俗"，恰当反映了风俗因地而异的特点。

所以，"民风"泛指民间的风尚，风气（多为好的方面），**务虚**。翻读史料可以看到《汉书·董仲舒传》中写"乐者，所以变民风化民俗也。"；明代高启的《吴趋行》中写"土物既繁雄，民风亦和平。"；而近代的《二十年目睹之怪现状》中写的"於是乎又把六十年前民风淳朴的地方，变了个轻浮险诈的逋逃薮。"。自古，黄河以南和黄河以北、山海关以内和山海关以外、高原之地和平原之域、同一地域的城镇和乡村，……都有着截然不同的民风表现。随之也就有了"民风淳朴"、"民风温和"、"民风狡诈"、"民风彪悍"等流传开来的说法。

"民俗"又称民间文化，是指一个民族或一个社会群体在长期的生产实践和社会生活中逐渐形成并世代相传、较为稳定的文化事项，可以简单概括为民间流行的风尚、习俗。作为起源于人类社会群体生活的需要，它是来自于人民，传承于人民，规范人民，又深藏于人民生活的行为、语言和心理中的基本力量。是不断扩大和演变的。具有模式化、类型性的根本属性。

我国的民俗历史悠久且种类繁多，表现在社会生活的方方面面且代代传承。民俗分类的方法一直没有统一。教学中，我采取的分类形式是平列式分十类：①巫术民俗；②信仰民俗；③服饰、饮食、居住之民俗；④建筑民俗；⑤制度民俗；⑥生产民俗；⑦岁时节令民俗；⑧生仪礼民俗；⑨商业贸易民俗；⑩游艺民俗——冟一说，每一类民俗都积累了极其丰富的可讲可学内容，甚至完全可以设置为一个专题进行独立的讲解、分析、示范。

由此也可见，《国学》课的教学储备工作中，"不断加强自身在文化各领域的知识和驾驭能力"极其重要。

（二）关于"不断完善"的解析

"民风民俗"的不断发展（认知的进步和技术的更新），以及"说、析、演示、体验"的教学方式方法在《国学》教学方面的不管更新，要求教学者须不断完善自身在文化各领域的知识和驾驭能力。

讲"中国四大名绣"时，曾经的"套路"式的对其各自历史、特点和代表作的"照读式"讲解，逐渐完善为详细讲解"苏绣和'女红'一词的关系"、"湘虎"的"参针"所展示的立体形态和晕染效果、"蜀绣"的"绣屏"和"虚实覆盖针"、"粤秀"的"人物秀"和"构图的精妙"等教学内容。

讲"剪纸"艺术时，曾经的"点到为止""以图为主"的讲解，逐渐完善为案例导入地详细讲解"剪纸艺术的发展史""剪纸艺术在我国文学作品中的表现意义""剪纸艺术对传承中国文化的作用"等教学内容。

如此"加强""完善"的工作，对于教学者而言，的确是增大了工作量和工作压力，但也在最短时间内提高了自身的业务能力；对于教学而言，的确是有着计划课时不够用的潜在隐患，但增大了教学内容的密度、高度、深度，从而带来比以往更佳的教学效果。更关键的，这样的内容储备才是"国学"所要求的、才是学习者接收到的正确的"国学"概念所涵盖的知识内容。

作为在成人高校从教近30年的一线教师，我深知"成人高等教育"的"时代性、复杂多变性、技能性"的特点，故一直遵照"具体问题具体分析"的原则完成不同专业的公共基础课《国学》的教学任务。

但当我看到"国学"一词"扑"入寻常生活后被越来越多的人随意"数说"时，当我总被身边不同层次的"伪国学"概念苦恼到时，特别是当我听到对面的学习者不断询问《国学》是不是主要讲"三字经""百家姓""唐诗宋词"而无奈至极时，我觉得是时候写写备课《国学》应该面对的问题和建议。希望对其他喜爱"国学"、为《国学》教育不懈努力的同仁们能有些帮助。

参考文献

[1] 百度百科（https://baike.baidu.com/）.
[2]《现代汉语词典》.

谈国开学习网在疫情期线上教学的作用

王 军

摘要： 突如其来的新冠疫情给全社会带来巨大灾害，北京开放大学遵照上级要求一边积极防范病毒，一边部署网上教学工作，"停课不停学"，组织师生开展线上教学。国开学习网是国家开放大学学生课程学习和考试考核的唯一平台，依托高水平 IT 企业建造的远程教育云平台，技术先进功能强大运行稳定，在疫情期间线上教学中发挥很大作用，不愧为国家级的网络教学平台。

关键词： 新冠疫情 国开学习网 线上教学 混合教学

一、教学组织工作机制是线上教学的关键

教学主管部门的应急响应机制是否健全是防御病毒开展网上教学的关键。国家开放大学采用中央、省市、基层分校三级办学体系，中央电大高层建瓴

统一指挥，防范疫情和网上教学响应迅速，表现出良好的工作机制，国家开放大学办学历史久远，依托厚实的优秀教师资源和技术先进功能强大的网络学习平台，在很短时间内按纲守制有计划有步骤出台一系列举措，紧急部署课程资源，形势政策课和思想政治课增加疫情防范内容。北京开放大学也及时做出工作安排，从成绩复查、开学第一课到组建网络课程教学团队，推出全市一堂课和午间直播课，为应对防疫要求，把省市开大所开设课程的考核方式由纸笔考核方式改为线上考核，中央开设的笔试考试延期举行。从网上招生、学籍审核到教学督导等工作环环衔接，基层分校的教学也积极跟进。从效果看，学生在网上浏览量比平时大增，学生参与讨论热烈发布文章积极，没有影响学习。反观缺乏上级业务指导的个别办学机构响应速度慢，开展线上教学也欠规范。

二、学习网为主，视频直播为辅，移动为王

国开学习网是开放教育核心平台，是开放大学组织教学、线上考核学生的唯一权威窗口，学生在上面进行课程学习完成形成性考核作业和期末终结性考试。平台偏平化设计取消了省市级和基层分校的平台，集中力量步调一致，成绩准确消除偏驳。疫情期间国家开放大学借助学习网平台加大对学生的防疫知识教育和网络安全教育，组织优秀教学团队开展全市一堂课的直播教学，思想政治课紧密结合防疫形势，通过平台上传参与防疫工作照片、视频等先进事迹。学生通过微信公众号查询成绩，通过智能客服解答问题。

市校对分校老师培训教学直播软件的使用，消除老师的困惑和焦虑，对腾讯课堂、企业微信、钉钉、腾讯会议和北开 Gensee 录课直播等常用软件进行比较，满足操作简单易学，能师生交互，讲课不卡顿的要求。

	视频直播	播放音视频	PPT分享	屏幕共享	画笔	实时对话	在线答题	考勤签到	支持回放	身份认证
腾讯课堂	√	√	√	√	√	√	√	√	√	
腾讯会议	√	通过屏幕共享实现	通过屏幕共享实现	√	×	√	×	×	×	
企业微信	√	通过屏幕共享实现	通过屏幕共享实现	√	×	√	×	×	√	需要
钉钉	√	通过屏幕共享实现	通过屏幕共享实现	√	√	√	×	×	√	
北开Gensee直播	√	√	√	√	√	×	√	√	√	

移动为王，基于 PC 端的网络教学模式已不适用现在发展需要，国开学习网这种平台视频课加分校教师直播的形式正是混合式教学中的双师模式，上级学校优秀教师线上直播授课，基层分校教师现场视频或者微信群辅导，是"1+1"模式或者"1+N"模式，必要时学生参与讲题。随着手机 Pad 等移动终端的普及，移动教学更受欢迎，从老师单独制作幕课，转变到学生参与讲课成为幕秀，成人学生存在工学矛盾，对线上学习更欢迎，积极互动热情高，还可以教师学生之间互换角色，学教相长，班级群里好声连连。

三、基层分校积极跟进

疫情来临基层分校的教务人员遵照上级开大的要求安排网上教学计划，组建课程班级群，发布课表和线上直播课二维码，统计考勤，是线上教学的召集人。基层分校学习网管理员对学生选课建班，进行课程检查，关注形考方式的变化，给任课教师下达形考评阅任务书，明确指出需要评阅的地方，防止学生提交了作业教师漏评的情况发生。为防止人员聚集，本学期全部课程都要参与到学习网上进行，北开自主课程考试形式都变为100%形考，减少或取消了期末现场的纸笔考试，学生成绩的90%以上都要通过学习网统计上来。

疫情也给教师带来不便，直播授课不仅是学习使用直播软件的困惑，更考验教师教学基本功和组织课程资源的能力，我校经管系教师只用一块小白板就在家开始了会计专业的视频直播授课，老教师的教学功底深厚，业务通熟，语言精练吸引人，枯燥的概念解释得很清楚，让非专业人士都能听得明明白白，视频迅速在网络走红。

四、网络教育需要完善

（一）完善人才评价体系

成人学员存在工学矛盾，能利用业余时间克服交通拥堵到学校上课不容易，用单纯的课堂教学和纸笔考试来考核成人学习成绩不太全面，需要科学测评。网络教育非常适合成人学生自主学习，发挥国开学习网技术优势，开发出课程考核科学答题测评系统，完备网上监督环节，改进成人学生人才评价体系，推行学分银行，可以跨地区跨时空开课，让开大学员入学更灵活，课程认证更实际，才能符合未来教育发展需要。

（二）学习网课程资源部署慢，影响选课

每学期结束时课程资料和学生作业随着课程班级一起下线，不留痕迹，新学期开始时又要重新部署课程资源，更新资源的工作量大还耽误时间，等部署完了学生才能进行选课学习等活动，滞后又重复劳动，在上传过程中还经常有疏漏和错误，平台的这个流程设计应该改进。

五、结束语

反思疫情中的网络教学，国开学习网平台在疫情期间发挥了很大作用，开启了混合教学的新模式，开放教学效果良好。网络教学的创新改变了授课形式，本质并没有变化，面对面的教学不可替代，资源库中录制的课件在教师引导下学生才看，线上直播对教师讲课的每个细节要求更高了，对网络教学的高层组织者也提出了新的课题。

参考文献

文中表格来自 2020 年 3 月东城分校疫情期"停课不停学"在线教学组织与实施经验交流 PPT

关于我校教育督导工作的探讨

王　奇

摘要：本文以我校督导工作为主题，对我校督导工作的现状及问题进行探寻分析，认为我校督导工作存在督导职权定位不清，制度建设滞后，督导队伍专业性不强等问题，在此基础上提出提高全校教师对督导的认识，明确职权定位，建立健全督导制度，提升督导队伍专业水平的策略，以期推动我校督导工作的建设。

关键词：重要性 问题 制度 队伍 对策

一、教育督导制度建立的重要性

从高等教育的发展来看，教育教学督导在引导和规范高校教育教学质量水平、调节教育教学质量监控方面发挥着重要作用，特别是 2012 年国务院颁布的《教育督导条例》，进一步凸显了教育督导的重要性。近几年来，和我校办学性质类似的应用型本科院校或高职院校都在积极探讨教学督导制度的建设，以督导为抓手，提高学校办学质量和市场竞争力。我校于 2019 年初设置了教学督导室，教育督导室成立一年来，尝试性地开展了一些工作，但由于我校内部的一些变化，整体工作尚未深入推进，督导室的职能及工作模式也停留在初步探讨之中。当下，随着学历生源的减少和各社会中介组织的建立，对我校的学历教育、非学历培训以及社区教育已经造成了较大的冲击，我校俨然已经处于危机与机遇并存的时期。对于一所学校来说，办学质量永远是其生存和发展的生命线，在此背景下，我校更迫切需要从制度建设入手，以质量提升为核心，进一步完善学校办学质量。未来我校无论是独立设置督导室，还是将督导工作纳入其他部门统一管理，都有必要建立和完善督导制度，以督促导，督导并重，全面规范办学流程，提升办学质量，为学校的下一次扬帆起航打牢基础。

二、我校督导工作存在的问题

（一）对教育督导缺乏正确深刻的认识

我校历来重视教学质量，在教务处设立了质量监控岗，但是质量监控不同于督导，监控重在过程性管理，而督导重在发现问题，解决问题，督是手段，导是目的，终极目标是提高教育教学的专业化水平，帮助每一位教师实现专业成长。由于对教育督导缺乏正确的认识，一线教师容易对督导工作产生抵触心理，认为督导是在检查监督他们，是在挑毛病，很容易站在督导的对立面，导致督导工作在推进的过程中存在一定难度。此外，由于学校内部的一些变动，院校领导对于教学督导工作的启动及开展也未给予足够的认识和必要的支持，导致督导工作在启动之初就受到一定的阻碍，甚至是质疑。

（二）对教育督导的职责定位不明晰

督导室设立之初的目的是对学校的三大板块统一进行督导，但随着发展，定位又似乎局限在教学督导上。对学历教育而言,教学督导是核心,无可厚非,但对于非学历教育和社区教育而言,大部分的工作都是通过项目来开展,里面有教学的要素,但大部分教学工作由外聘教师完成,而在聘用外聘教师的过程中,对其教学能力和水平已进行过充分评估,故教学督导不是这两大业务板块的核心,督导的核心应该是项目运作的规范性监管以及培训目标达成的考核和评估。鉴于我校办学业务类型的多样化,把督导仅仅定位在教学督导上,就显得业务范围过窄。

(三)督导制度建立滞后于工作的开展

俗话说"没有规矩,不成方圆"。规矩即制度,科学的规章制度是顺利完成各项事业的保障。目前,我校虽然成立了教学督导室,但相关的规定迟迟未发布,连最基础的督导工作方案至今尚未出台,在此情况下,以什么样的标准和形式来开展督导工作就成为一个难题,督导工作的合法性和权威性难免会受到质疑。

(四)缺乏专业的督导队伍

督导各方面工作的开展,要靠一支过硬的教学督导队伍来完成。因此,教学督导工作成效的优劣很大程度上取决于是否有一支专业化的教学督导队伍。而显然目前我校的督导队伍建设是极其薄弱的,无论是在人员配置还是在专业化程度上明显滞后,这也是目前我校督导工作受到部分教师诟病的因素之一。

三、督导制度建设的对策及建议

(一)提高对教育督导的认识

对督导工作的深刻认识是有效开展督导工作的基础条件。首先要在校内形成良好的舆论氛围，通过学校会议、网站、公众号等对督导工作进行宣传，让教职工充分了解督导的目的及意义，引导教职工形成对督导工作的正向认识，其次学校领导层也要自觉地、主动地更新自己的督导理论，加强对督导工作的领导和指导，正确认识教学督导的地位和作用，从领导管理层面促进督导工作的可持续发展。

（二）明确督导工作的职权范围

鉴于我校三大业务板块以及三大业务板块的主体业务不同，建议将部门的命名由教学督导室改为教育督导室，一字之差体现了督导职权范围的界定。对于学历教育而言，重点督导教学工作，对于非学历和社区教育而言，督导的重点是项目运作的规范性监管以及培训目标的达成，同时在过程中借助于专业力量提升项目执行人的专业化水平。

（三）建立相对独立的教育督导机构

教育督导机构如何设置直接影响到教学督导工作的权威性以及督导工作的成效。我校设立督导室的目的不应该仅仅是为了对学历教学进行督导，如果是这样，在教务处设立相关督导岗位即可，如果是为了通过督导来提升整个学校的办学质量，那就有必要设立独立的教育督导室，对三大板块统一进行督导。建议从学校层面设立教育督导委员会，由学校一把手任组长，学校其他三位副校长任副组长，以便于一盘棋统筹考虑督导工作，相关部门中层为组员，办公室可设在教育督导室，负责具体督导工作的开展，这样的一种架构有利于树立督导工作的权威性，也容易形成合力，形成相关部门共同研讨督导工作的氛围，有利于充分发挥督导的作用，促进督导工作的可持续发展。

（四）建立健全督导各项工作制度

教育督导工作的顺利开展，离不开健全的制度保障，为了确保教育督导工作的科学开展，有必要将教育督导制度建设纳入学校的整体发展规划，建立健全符合我校实际的督导制度，如督导工作方案，督导工作条例，学历教学督导评估指标，社区教育督导评估指标、非学历教育督导评估指标等。在各项制度制定的过程中要充分开展调研和研讨，注重以人为本，以教职工和学生为中心，根据我校师生的特点来构建制度，将督导工作上升到全校全员的高度，保障各项制度的科学性、可操作性和实用性。

（五）建立健全督导工作队伍

督导队伍的专业性是确保督导工作权威性和科学性的重要基础。建议从我校实际出发，建立一支由校内外专兼职共同构成的督导队伍。专职人员由相关经验丰富的校内人员组成，分别负责学历教学督导、非学历培训和社区教育督导，负责督导日常和常规工作的开展，主要起策划、组织、协调和管理的作用；兼职人员可由本校德高望重的教师、退休教师以及校外相关领域的专家共同构成，负责督导的专项工作，主要起指导和评估的作用。在队伍建设的过程中要充分调动全员教职工教师人人参与督导，人人参与建设的积极性，注重队伍专业构成的多元性，年龄构成的多层次性，通过引导教师积极参与督导工作，同时加强对专兼职督导员的培训，提高督导员的专业素养。

教育督导工作是完善学校办学质量的重要保障。要开展好这项工作，机构设置是前提，领导重视是保障，认识到位是基础，队伍素质是关键。在实践中探索出一套符合我校实际的督导工作模式，以督导为抓手，来提升教师的专业化发展，提升学校的整体办学质量，这条道路任重道远，需要全体教职工的共同努力！

参考文献

[1] 张全，蔡托 . 高职院校教学督导工作实效性的思考 [J]. 教学管理与教育研究，2017.

[2] 李珍 . 高职院校教学督导工作的探索 [J]. 辽宁广播电视大学学报，2017.

[3] 巫德富，黄海滨 . 高职院校教学督导制度建设的问题及对策研究 [J]. 科学咨询（教育科研），2018.

《计算机应用基础》课程的教学研究

王艳平

摘要: 本文通过对《计算机应用基础》课程教学目标、学习资源、考核要求的介绍,然后对本课程的学情进行分析,最后总结出本门课程教学中使用的教学策略、教学方法。

关键词: 计算机应用基础 教学策略 教学方法

一、课程基本信息

(一)课程介绍

《计算机应用基础》是国家开放大学为专科各专业开设的一门基础课程。该课程旨在促使学生了解计算机和信息技术的基本知识,掌握微机基本操作技能,特别是培养学生通过学习本课程,具备触类旁通、举一反三的能力,掌握进一步自学类似课程的方法。本课程开设一学期,规划课内 72 学时,4

学分。

（二）课程目标

考虑到初学者的实际情况，该课程的教学目标是使学习者了解基础知识、掌握基本操作、学会举一反三。

（1）了解计算机和以计算机为核心的现代信息技术基本知识。

（2）掌握微型计算机的基本操作技能和1种微机操作系统的基本使用方法。

（3）了解网络基本知识，掌握利用互联网进行信息获取和交换的基本技能。

（4）掌握使用 Word 2010 文字处理系统对文字、表格、图形和图像的基本处理技能。

（5）掌握 Excel 2010 电子表格系统的基本使用方法。

（6）具备自学相似课程的能力和方法。

（三）课程学习资源

北京开放大学《计算机应用基础》课程学习平台为学生提供了各种便于自主性网络学习的资源，如：教学大纲、视频课程、学习资源包等学习资源。网址为 http://beijing.ouchn.cn/course/view.php?id=4975，如图一所示，而且本门课程的所有教学活动都在此平台上进行。

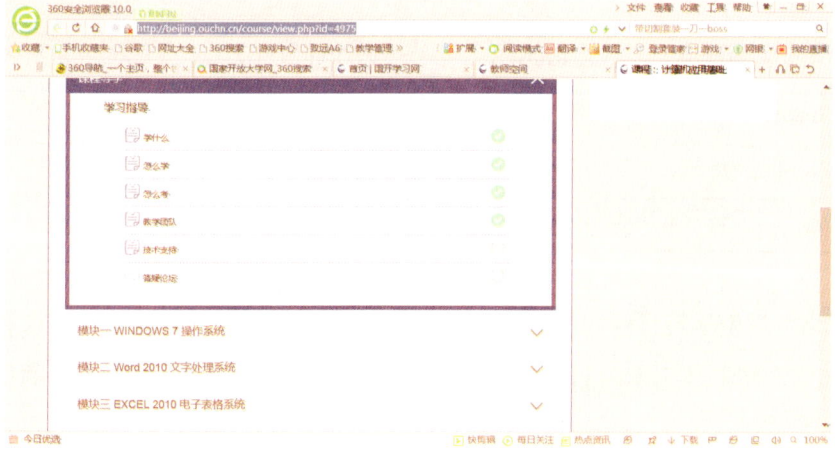

（四）课程考核要求

本课程考核采用 100% 形成性考核方式。其中作业"计算机应用基础课程形成性考核册"成绩占 35%，实训成绩占 50%，教学单位规定的考核内容占 15%。课程综合成绩达到 60 分及以上（及格），可获得本课程相应学分。

二、学情分析

（1）学生为北京开放大学朝阳分校 19 春工商管理专科、19 春会计学专科的 50 名成人学生。外地生源占 86.54%，本地生源占 13.46%；18 岁至 25 岁占 75.58%，26 岁至 30 岁占 15.38%，31 岁至 40 岁 9.04%。

（2）学生的面授课出勤率较低。由于成人学生存在严重的工学矛盾，北京开放大学朝阳分校所有课程的平均出勤率为 36.34%。

（3）学生的计算机操作技能参差不齐。通过 CAI 教学光盘对参与本门课程学习的学生进行综合试测得到以下数据。

学生自测成绩分面表

知识的掌握程度	Windows 7	Word 2010	Excel 2010
85~100 分	15%	15%	28%
60~84 分	33%	55%	34%
60 分以下	52%	30%	38%

（4）学生学习目标比较明确。84.56% 学生的学习目标为获得本门课程的学分，15.46% 学生学习目标为不仅获得课程学分而且要提高计算机的操作技能。

三、教学策略

（一）先行组织策略

在进行组织教学之前，要进行大量的课前准备工作，如制定本门课程的一体化方案、完善网络资源、准备学生实操的案例素材、安排本门课程各模式的学习进程、制定小组活动评价方式、筹划 Word 2010 文字处理系统和 Excel 2010 电子表格系统的专题活动等。

（二）全程引导策略

在混合式教学工作中，引导重于讲授。

（1）引导、挖掘学生对本门课程的学习兴趣。

（2）引导学生利用网络课程、CAI 课件、文字材料进行高效的自主化学习。

（3）引导学生有问题、疑惑找"自由讨论区"，形成互帮互助的网络学习氛围。

（4）引导学生通过 CAI 光盘综合测试进行知识点的自我检测。

（5）引导学生把知识应用到工作和生活中，真正达到学以致用。

（三）认知发展策略

在开展教学工作前，通过对参与本门课程学习的学生进行调查问卷、访谈活动、CAI 课件综合测试等途径了解学生的认知情况。根据学生的认识特点采取合适的教学策略，并且在网络课程资源建设、课程专题讨论的设置和案例设计的筛选都要考虑不同学生的认知需求。如：Word 2010 文字处理系统的案例为：工作计划的排版、工作报告的编辑、简历的制作、海报的编辑、人事结构图的设计、请柬的制作等，让学生根据自身的需求自主选择学习。因此，认知发展策略从专业学习、思维锻炼、帮助就业等方面挖掘学生内在驱动力，激发学生的学习动机。

（四）模块化策略

引导学生模块化地学习《计算机应用基础》课程的文字教材、网络课程、CAI 课件。本门课程分为 Windows 7 操作系统（含网络应用基础）、Word 2010 文字处理系统和 Excel 2010 电子表格系统三大模块。根据知识点的无关联性，把三大模块再分为几个小模块。例如：Word 2010 文字处理系统模块化结构如下图所示。学生也可以根据自身的需求对课程各模式进行个别化、自主化学习。

（五）自我管理策略

在混合式教学过程中，学生要进行大量的自主化的网络课程、CAI 课件、文字材料的学习。由于学生存在严重的工学矛盾，学生自主化学习的数量及质量很难保证，授课老师的监管也具有很大的难度。因此学生的自我管理策略对教学目标的实现起到十分重要的作用。为加强学生的自我管理过程，在本门课程的混合式教学过程中让学生在学习每一个模块前根据自身的工作时间、学习需求、学习目标制定自我学习计划、自我考核计划，并在实践过程中逐步完善，这一策略强化了学生的自我学习管理过程，有效保证了混合式教学的质量。

（六）学习监管策略

在混合式教学中，通过以下方式了解学生的自主学习进度及学习情况、督促学生进行有效的学习。

（1）学生每周二、周五在课程学习群里汇报自主学习的进展及自主学习的照片。

（2）学生每周日进行一次综合测试，并结合上周考核成绩汇报本次考核的情况。

（3）在面授课时，根据学生上课的反应、回答问题的情况对学生进行自主学习评价。

（七）合作学习策略

在进行 Word 2010 文字处理系统、Excel 2010 电子表格系统的实践活动中，我以学生自愿组合为前提，再针对各小组之间存在学习程度差异较大的情况加以调整，努力创设"组间同质、组内异质"的小组形式。小组活动中，组内成员相互帮助、相互支持、相互鼓励，从而促成他们亲密融洽的人际关系的建立，进而培养了合作能力和团队精神。

（八）联系工作、生活策略

站在满足学生工作、生活需求的角度设计教学案例，如：工作报告、请柬、简历、海报、企业组织结构图、企业职工工资统计表等。

四、教学方法

（一）小组合作教学法

在 Word 2010 文字处理系统混合式教学过程中，学生以合理分工、相互帮助的小组合作的方式进行 Word 作品的设计、制作、修改、完成等过程。

（二）实践活动教学法

学生要掌握微型计算机的基本操作技能、掌握 Office 应用程序的基本使用方法就必须进行大量的实践活动练习，如：Word 2010 文字处理系统混合式教学过程中，在学习完知识点之后学生要通过交互练习、形考作业、综合测试、作品制作等环节进行实践活动。

（三）"一案到底"教学法

教学案例质量的高低是"一案到底"教学法是否成功的关键，因此，在撰写 Excel 2010 电子表格系统"一案到底"的教学案例时要兼顾案例的实用性、综合性，并与教学大纲紧密结合的一个案例贯穿于课程的教学过程的始终，能够让学生积极主动学习研究，更好地理解、掌握、融会贯通所学到的知识。

（四）任务驱动式教学法

任务驱动式教学法有利于激发学生的学习兴趣、提高学生的分析能力、培养学生的创新意识。在兴趣的引导下、任务的驱动下，学生自主地去探索方法、学习知识。这种教学方法符合探究式教学模式，非常适合应用到实践性较强的 Word 2010 文字处理系统教学之中。为了很好地发挥任务驱动式教学法的优势、提高教学质量，本门课程的任务驱动式教学法的重点是从 2010 文字处理系统教学任务的设计、任务的实施、效果评价三个方面进行的。

参考文献

[1] 邓宗强 .《计算机应用基础》课程在信息化时代背景下的教学模式研究 [J]. 中国设备工程，2020(03).

[2] 方晓，丁丽 . 基于能力本位的高职《计算机应用基础》课程教学改革与实践 [J]. 河北职业教育，2020(02).

[3] 何红兵 . 试论大专计算机应用基础课程教学改革 [J]. 计算机产品与流通，2020(02).

孩子"不听话"的是与非

温永春

摘要： 推进家庭教育工作难，引导家长更新教育观念、改进教育方法更难。家长们存在着诸多误区，抱怨孩子"不听话"就是一例。要转变教育观念，正确看待孩子"不听话"；要改进教育方法，以国家提倡的、社会公认、人们普遍遵循的日常生活和社会生活规范、道德准则、社会主义核心价值观为评价标准，用孩子"懂事"或"不懂事"评价孩子言行。

关键词： 家庭教育 不听话 评价

家庭教育易也难也。说容易，是很少有家长自觉主动地系统学习家庭教育知识，大多数家长仅凭自己的成长经历和经验就能够承担教育孩子的职责；说困难，是当家长意识到自己孩子不如别人家孩子或自己的孩子在某方面出现问题时，往往是愁眉不展、束手无策。做了几年的家庭教育指导工作，越来越感到推进家庭教育工作难，引导家长更新教育观念、改进教育方法更难。现实中，家长们存在着诸多误区，抱怨孩子"不听话"就是一例。

一、孩子"不听话"的误区所在

家长们抱怨孩子"不听话",言语中的委屈、失望又有点手足无措,溢于言表。殊不知在他们潜意识中有这样一个"好孩子"的评价标准:"听话"是一个好孩子所必备的品质之一,只有"听话"的孩子才称得上是"好"孩子。其实质是家长在以自身的情感、好恶做评价标准。家长口中孩子"不听话"的潜台词是孩子"没顺从我""没按我的意图行动"或者只是"没有满足我的面子"。

儿童时期是孩子身心发展的重要时期,尽管每个孩子都蕴藏着巨大的发展潜能,但往往由于家长在日常生活、学习过程中,盲目要求孩子屈从——"听话",没有有意识地、科学地去培养和引导,久而久之制约了孩子的成长和发展。

我们是希望孩子未来是一位有合作精神,内心有力量和动力的人,还是希望孩子只是因为恐惧而只会表面"顺从"或者成为一个内心自卑的"讨好者"呢?

一个总听父母话的孩子,往往还会给父母带来意想不到的烦恼。心理学研究表明:倘若一个孩子在小时候过于"听话",长大后大多发展平平。因为,如果孩子按照公认的社会行为模式去做,在获得别人的赞许的同时,"从众"也会导致孩子在认识上的独立思考能力下降,行动上循规蹈矩,探索意识、能力减弱。

二、孩子"不听话"背后的本质

其实,这世上只有两种孩子:一种是听父母话的孩子,一种是听自己话的孩子，并没有所谓的"不听话"的孩子。

所谓的孩子"不听话"，只是孩子的内心需要增多了，有了更多自己的想法，开始不完全听从父母的话了。其实，这恰恰说明了他的成长：他有了自己的思考、想法，更愿意用自己的方式去处理问题、满足自己需要。

从孩子成长的角度看，某种意义上的"不听话"是必然的。每当孩子感到其自主地位受到制约、限制，感受到自尊心受到伤害时，便会产生逆反心理，出现不听家长的话，而听"自己的话"的现象。

细观人的不听话行为，皆因外部环境条件或事物发生变化，个体为了适应外部已经变化了的环境条件或事物，自我调节的结果。这是个体自我认知、自我人格发展及对外部环境条件或事物认知拓展的必然结果。

三、如何正确对待孩子"不听话"

孩子成长过程中有三个"叛逆期"：2—3 岁时，是人生第一个叛逆期，称为"宝宝叛逆期"；6--8 岁时是人生第二个叛逆期，称为"儿童叛逆期"；12—18 岁时，是人生第三个叛逆期，这就是大家熟知的"青春叛逆期"。

对孩子不同阶段的"不听话"的行为，要根据孩子的认知能力和水平及具体情况辩证看待，妥善应对。

一般讲，0—3 岁幼儿"不听话"多是因为孩子受认知能力和水平的局限，不能真正理解家长话语的真实含义及目的。孩子 2—3 岁时，有了一定的自主能力，会进入第一个叛逆期，但受孩子自身能力所限，一般家长对孩子的"不听话"行为不会过多关注，也不会有太多焦虑。这一时期家长的正确做法是：首先，要注意了解孩子的生理、心理需求，及时妥善予以满足，不要太长时间冷落孩子，以便建立与孩子之间密切的亲子关系；其次，要注意反复教孩子正确的行事之道，久而久之，孩子就会形成正确的行为方式，养成良好的习惯；第三，要有意识地培养孩子的延迟满足能力。

随着孩子的认知发展和自理能力的发展，3—6岁儿童将进入第二个"叛逆期"。这一时期的孩子，有着强烈的求知欲、探索欲。家长应切记：不要因自己的无意识或不当言行，扼杀孩子求知、探索的欲望。这一时期对孩子的"不听话"，家长要区别对待，首先，家长要分清是孩子不理解家长话语的真实含义及目的，还是任性无理取闹。对前者家长可耐心讲解、指导，帮助孩子理解家长的意图、目的，晓之以理，导之以行，不可粗暴强制；对于后者家长切不可丧失原则，盲目依从孩子，也不必呵斥、打骂，应坚持原则，照章办事，待孩子冷静下来后，家长再晓之以理，导之以行，并给予适当的"惩戒"。

6—12岁儿童将进入第三个叛逆期，这一时期是孩子人生发展的关键期。对孩子的"不听话"，家长必须引起足够重视。一方面，对于"小事"家长要允许孩子试错，可放手让孩子自己去尝试、体验，让孩子经历失败，学会承受挫折和不良后果，对孩子的成长更有利；另一方面，对于原则性问题，家长必须态度坚决，坚持原则，必要时应采取限制、监督、督促等手段，严加管控，持续管束。

12—18岁儿童"不听话"，应理性看待。这一时期孩子正处于成长的第三个逆反期。从孩子成长、成人的角度说，这一时期的"不听话"表明孩子有了独立思考和独立的见解，有了一定的独立解决问题的能力，正好说明了孩子的成长、成人，是好事！对孩子"不听话"具体问题，家长首先要放平心态，冷静对待；其次，要耐心倾听孩子的诉说，不论孩子想法是对还是错，都不要打断，更不可粗暴呵斥，以便了解孩子的真实想法和意图，找出原因；第三，与孩子平等对话，结合孩子的想法和意图，分析利与弊，提示孩子可能的危害，给出您的参考建议，由孩子自己选择决定即可。如：升学学校的选择，高考志愿的选择填报等等，对于孩子的选择，家长不必强求，因为孩子最终要步入社会，独立的学习、生活、工作，试想，如果强迫孩子做出的选择不符合孩子的兴趣、爱好，那么孩子在以后的学习、生活、工作中还能有幸福、健康、快乐吗?!

四、孩子"不听话",怎么办

(一)倾听比表达重要

"言多必失",这道理在亲子教育问题上一样适用。当孩子在倾诉时,比起被打断或否定,他更渴望的是家长的正面回应。如果总是打断他,或者从不愿意满足他倾诉的小"愿望",那么,孩子以后就不愿意跟你讲他的心事了。当孩子出现问题,向你倾诉时,正确的做法应该是认真、专注地倾听孩子的话,了解孩子的内心需求。你可以在孩子提出想法时,为孩子找到一个替代方案,让孩子觉得有盼头,比如把"别想了",改为让他先实现一个可以达成的小目标,或许会有不一样的收获。

(二)情绪比内容重要

当孩子"不听话"时,尤其是哭闹的时候,如果家长对他打骂,只会让矛盾升级,破坏你们之间的亲子关系。在孩子感到悲伤难过或是遇到挫折时,家长可以告诉孩子"我非常理解你现在的感受……",先让孩子发泄情绪,再用心平气和的语气让孩子说出让他不开心的事情,这样才能让他平静下来。

(三)尊重比方法重要

当孩子感到疑惑、烦恼和不开心的时候,家长首先要接纳孩子的情绪,不要急于做出评价,最好试着从孩子的角度去看待问题,了解孩子真正"不听话"的原因。面对孩子的失落情绪,家长还可以巧妙运用游戏心态来解决问题,比如动画片《小猪佩奇》中有一集,猪妈妈建议孩子们收拾房间却遭到了佩奇的拒绝,猪爸爸巧妙化解,引导佩奇和乔治用组队形式比赛"看谁收拾得快!"孩子们很快就开始整理房间了。

（四）多说"希望你做什么"，少说"不要做什么"

相信很多家长都遇到过：你越不想要孩子做什么，孩子就越要做什么。这就是心理学上的"白熊效应"。因此，家长经常说"不要做什么"，反而容易强化孩子的负面行为，家长经常说"希望你做什么"，却可以激发孩子多做正面行为。有时候，语言表达很奇妙，换一个说法就会得到不一样的效果。

（五）态度要坚决，语气要温和

当孩子的言行违背原则，家长必须加以干预、制止时，态度一定要坚决，但和孩子讲话时语气要温和，要表达出对孩子的理解。

需要注意的是，有些孩子的好奇心比较重，越是家长不让做的事情，他可能越想尝试。对待这样的孩子，与其明令禁止，不如在安全或伤害可控的范围内让他自己去尝试一下。

五、如何评价孩子的言行

日常生活中，家长对孩子言行的评价，应以国家提倡的、社会公认、人们普遍遵从的日常生活和社会生活规范、道德准则、社会主义核心价值观为评价标准，用孩子"懂事"或"不懂事"做结论。当孩子的言行符合上述标准告诉孩子：他很"懂事"；当孩子的言行与上述标准相背离告诉孩子：他"不懂事"。这样评价孩子，不仅可以避免孩子的抵触，还可以使孩子意识到他的言行可能不会被同伴接纳。

参考文献

[1] 王红，丢玉 . 对儿童听话行为的研究 [J]. 教育艺术，2006(05).

[2] 赖敏 . 由"听话"说开去 [J]. 中国教师，2005(04).

[3] 银思超 . 儿童创造性的培养刍议 [J]. 现代教育科学，2006(02).

[4] 吴国瑞 . 孩子为什么不听话 [J]. 少年儿童研究，1999(06).

上海社区教育经验对朝阳社区学院
开展社区教育工作的启示

杨 帆

摘要：上海社区教育开展较早，发展较好。本文以上海社区教育先行者普陀区社区学院和黄浦区社区学院为例，借鉴上海社区教育经验，更好促进本区社区教育工作发展。本文从上海社区教育的顶层设计和品牌打造的特色和亮点等来介绍上海社区教育开展情况，最后综合分析对本区开展社区教育的启发和启示。

关键词：社区教育 制度保障 特色打造

上海社区教育开展较早，发展较好。普陀区社区学院 2010 年被评为"全国社区教育示范区"，2016 年黄浦区社区学院被评为"全国社区教育示范区"，本文以上海社区教育先行者普陀区社区学院和黄浦区社区学院为例，借鉴上海社区教育经验，更好促进朝阳社区学院社区教育工作发展。

一、政府支持力度大，顶层设计有规划

上海市社区教育经费充裕。普陀区各街道（镇）用于社区教育经费每年人均 7 元。黄浦区已实现终身教育经费每年人均 27 元，居于全市前列。区教育局承担了社区学校在编教师及干部的人员经费。各成员单位积极提供文化教育、科技信息、健身娱乐等设施和公益性服务产品。

上海市社区教育是"一级规划、二级管理、三级网络"的管理体制和办学网络。一级规划即建立了区委和区政府统筹领导、教育部门主管、有关部门协作、社会积极支持、社区自主活动、群众广泛参与的领导管理体制。二级管理，区委区府组建"区推进学习型社会建设指导委员会"，在区层面，由区"推进学习型社会建设指导委员会办公室"发挥牵头抓总作用，各街道同时成立街道社区教育委员会，统筹和协调社区教育资源，负责社区学校的具体管理与社区教育的协调推进。三级网络，建立了具有独立建制的社区学院，同时成立了街道社区学校，社区中小学和居民学习点完备的三级办学网络。

队伍管理有标准，队伍建设有支撑。实行统一人事管理、统一津贴标准、统一教师培训、统一职称评定和统一考核评估。黄浦区社区专职教师从事社区教育的平均年限达到 8 年，在终身教育领域积累了一定的教育教学和管理的经验。

二、品牌打造有抓手，特色亮点有创新

（一）上海普陀区社区学院别具一格，锻造品牌

1. 行政推进特色建设

把社区教育特色化建设纳入年度工作计划，要求各街道（镇）和社区学

校争创"一街一品""一校一品";积极组织力量,指导各街道(镇)社区教育特色化建设,如文化局和体育局分别派 1~2 名指导员,深入社区,指导和培育特色团队;积极搭建平台,在"普陀区全民学习活动周"等活动中开展"一街一品"社区教育特色品牌展示;建立激励机制,通过竞赛、表彰、奖励等措施,推进各街道(镇)特色化建设。

2. 社区创建特色项目

各街道(镇)着眼于社情民意,培育社区教育特色,如:真如社区居民终身学习节、宜川戏曲节、甘泉社区图书漂流活动、桃浦社区"红色热土,星火相传"青少年主题教育、曹杨社区"330"彩虹天地、长寿社区居民终身学习学分认证、石泉社区"夏之爱"系列活动、长征社区讲师团、长风社区新上海人歌唱大赛等已广受欢迎,成为特色品牌。

3. 实验提炼特色成果

在培育特色、锻造品牌中,我们以实验研究为抓手,通过实验提炼已有特色,通过实验成果的转化和推广,形成区域特色。为此,制定了《普陀区社区教育实验项目指南》《普陀区社区教育实验项目管理办法》,建立认证工作、分工包干、评先创优等工作机制。各街道(镇)相继开展了"我说宜川"论坛、老年人社区教育课程开发、社区教育志愿者队伍建设、社区学校办学点建设、"民族、民俗、民风"教育的研究、真如乡土教材开发等实验项目,取得了一定的研究成果。

(二)上海黄浦区社区学院用学习点亮幸福生活

1. 黄浦区国民教育体系与终身教育体系融通发展的创新载体

以"院校合作""院企合作""院馆合作"的模式,将区域企业资源、文化资源及传统教育资源引入社区,建设成为"市民学习基地"。目前,黄浦区有69家单位被命名黄浦区"市民学习基地",主要由学校、企业和文化场馆组成。

2. 黄浦区市民海派文化体验基地的实践抓手

2013 年,黄浦区社区学院申报承办"市民海派文化体验基地",海派文化体验基地现设 9 个体验点，24 个体验项目。基地现面向全体市民开设包括中华老字号文化、老城厢文化和现代艺术文化在内的三大体验项目。一年一度的市民海派文化体验基地嘉年华更是成了市民享学、乐学的新天地。2013 年黄浦区申报承办"上海市民海派文化体验基地"，成为上海市首批八大市民终身学习体验基地之一。"人文行走"一个主题，多部门和企业联合，打造上海文化。

3. 黄浦区是"国数字化学习先行区"

多年来,积极参与"上海市推进数字化学习社区建设协作组"的相关工作,推广终身学习云视课堂,为市民"足不出户"随时随地学习创造了条件,也扩大了终身教育学习资源的覆盖面。通过实名开设终身学习账户,开展手机微课程学习,同时还建立个人电子档案,累计学习积分,完善积分兑换奖励等功能。

三、上海社区教育发展对我们的启发和启示

（一）不断完善组织架构和机制建设

根据社区教育的发展需要,政府、学院、社区不断完善组织架构,建立科学合理高效的社区教育管理团队。制定可持续的发展计划、章程和统一的主题,让社区工作推进有据可依、机制畅通。政府支持是推进学习型城区建设的首要条件。

（二）队伍建设在机制上得以保障

教师机制实行统一人事管理、统一津贴标准、统一教师培训、统一职称评定和统一考核评估。社区教育教师职称评定和中小学教师职称评定打通,让社区教育工作者在奉献同时也有所收获,机制建立可保证社区教育工作可持续推进。

（三）整合资源，实现终身学习，全民学习

上海市以"院校合作""院企合作""院馆合作"的模式，将区域企业资源、文化资源及传统教育资源引入社区，建设成为"市民学习基地"。整合资源，把区内各学校、文化馆、博物馆、图书馆、体育馆、科普馆以及各类民办非学历教育与培训机构、职介中心、社区服务中心等设施纳入社区教育资源圈范畴，构建机制。

（四）紧跟时代，实现创新学习方式

打造数字化网络平台，探索"互联网+"社区教育。设立社区教育公开课的教学资源。定期推送符合社区居民学习的一些知识，用多媒体的形式展现，让社区居民随时随地在线学习，分享"互联网+"时代的知识成果。同时，学院开展"数字化课程资源库"建设，积极培育和推行"互联网+"社区教育的网络学习模式。

（五）逐步实现社区教育的自主和自治

形成一整套终身学习的工作管理制度，建立从街道（镇）到居委会的组织网络，推动社区教育的民间自治和共学养老。使得社区教育队伍实现了新的突破，自觉、自愿在社区学习共同体中互爱互信、相助相伴、共学共乐。同时培育各种社区民间组织，形成多方面的社会团体，活跃社区教育氛围；搭建各类平台，引导社区民间组织自主、自治管理；构建机制，促进社区教育社会化。

朝阳社区学院社区教育工作的工作围绕"社区教育研究中心、指导中心、资源配置中心和学习管理中心"的功能定位，围绕着五大人群（老人、青少年、流动人口、农民、外籍）开展精准的社区教育服务。坚持稳中求进、内涵发展的原则，加强调研、创新机制、完善模式、培育队伍、打造品牌，努力提

高社区教育服务的水平和质量，为服务朝阳区学习型城区建设和促进全民终身学习做了很多贡献。与此同时，我们要不断学习兄弟院校的经验，使朝阳社区学院社区教育工作更加精准服务、有效开展。

参考文献

[1] 王伯军，彭海虹，贾红彬，等 . 社区教育的上海模式 [J]. 上海市学习型社会建设服务指导中心办公室，2018.

[2] 楼一峰 . 上海社区教育的实践与发展 [J]. 职教论坛，2006.

成人高校混合式教学模式的研究

杨庆华

摘要：随着经济的高速发展，人们的生活节奏和工作节奏越来越快，工学矛盾已经成为成人高等学校迫切需要解决的主要矛盾。可喜的是，信息化时代也随之到来，手机和电脑的普及为学生线上和线下学习提供了保障，混合式教学势在必行。它促进了学生个性化学习，减缓了工学矛盾，提升了教学质量。

关键词：成人高校 混合式教学模式概念 模式构建

一、混合式教学的概念

混合式教学是基于信息化技术的高速发展，把传统的通过面授的线下学习方式和通过网络的线上学习方式结合起来的一种学习模式。这种模式能够充分发挥在学习活动中教师的主导作用和学生的主体作用。学生学习的时间和空间无限开阔，能够满足学生个性化的学习需求。他们可以灵活地选择学习时间和空间，找到适合自己的学习方式，达到最好的学习效果。同时混合式教学也能促进教师重新思考角色定位，为学生提供充分的支持和引导，实现真正的因材施教。

二、实施混合式教学的必要性分析

（一）信息技术的高度发展为混合式教学提供了充分的物质基础和技术保障

目前成人学生的手机普及率 100%，电脑的拥有率也达到了 95% 以上。他们都能够熟练地使用各种交流软件。4G 的成熟、5G 的推出也让师生、生生网络交流的通道畅通。这些都为混合式教学的实现奠定了扎实的基础。

（二）成人学生自身的特质

不同于未成年学生，成人高校的学生都是成年人，正是由于成年人学习内驱力的驱使，他们才主动走进校园求学。他们明确自身需求，对学习内容和学习方式能够充分把握。作为成年人，他们也具备了较强的自我控制能力，更具备一定的自学能力。

（三）工学矛盾突出

目前，成人高校学生的出勤率不到 50%。主要原因是学生难以克服工学矛盾。混合式教学中线上学习方式增加了学生学习的自由度，学生的学习时间和空间扩大了。大量的碎片化时间以及空间上的无限定能够保证学生参与到学习活动中，在老师的引领下，积极完成学习任务，缓解了工学矛盾。

（四）学生水平不均衡

成人教育生源结构复杂，学生的知识水平、综合素质严重不均衡。他们的学习目的和学习能力也千差万别。混合式教学有利于教师了解学生的不同，对于不同的学生给予不同的指导，真正地实现因材施教。学生也能够根据自身情况，及时得查漏补缺，加强学习，加快脚步，逐渐缩小差距。

三、混合式教学模式构建

（一）加强网络等硬件建设，搭建自主学习平台

（1）学校对网络建设要投入更多的资金，改善网络设施，实现 WIFI 全校范围覆盖，为学生提供网上学习的便利条件。

（2）挖掘各方资源，加强区域内、领域内相关院校合作。

目前，国内外各院校已经出现了大大小小的不少平台，也面向学习者开放，教师要引领学生充分利用这些资源开展自主学习。同时区域内各成人高等院校之间更要加强合作，注重资源整合，实现领域内资源共享，最大限度地提高资源的使用效率。

（3）建设学校的自主教学平台。

目前有很多公司从事学习平台的开发，但不是所有的平台都能适应学校自身需求和学生需求。学校可以投入资金，与第三方合作，发挥和利用第三方的技术优势，共同搭建本校的学习平台。这样也能够充分挖掘本校的教师资源和课程资源，建立学校自己的教学平台，满足学生的实际需求。

（二）改变课程的教学方式

改变传统的面授方式为线上线下结合的混合式教学模式。对于不同专业不同课程的混合式教学实施需要分别对待，不能统一标准。

针对专业不同、课程不同、授课对象不同，设定线上线下的课时比例需要区别对待。前期要对学生和教师进行调研，不能一刀切。对于理论性、阅

读性强、文本较多的适合学生自主学习的课程，可以加大线上学习的课时比例。教师通过线上给学生提供学习材料，提炼出有价值的值得思考的核心问题，引领学生思考和学习。同时教师要在线上指导学生自主学习并且组织学生进行线上讨论。对于难以理解的重点和难点，教师可以让学生预习，提前梳理出不懂的问题，再通过线下的面授教学，教师对学生进行面对面的答疑解惑。对于操作性比较强的课程，如舞蹈、钢琴、书法等艺术类课程，加大面授的比例，减少网络学习的课时，鼓励教师挖掘本课程适合线上学习的内容，适时推进混合式教学。对于老年学员线下学习的比例要大于线上学习，减少他们线上学习的难度。

（三）改变教学评价

混合式教学模式对于线上和线下的学习都需要评价，而对于学生线上学习的评价是比较复杂的。教师需要时时关注学生动态，既要看学生参与学习活动的频率还要看参与的质量，工作复杂，量也很大。这需要充分利用平台的数据统计优势，加强对学生的过程性评价管理。如：学生线上作业的提交、线上讨论答疑、互动的频率和质量等，需要课程教师和平台管理人员的共同配合。

（四）改变学生管理理念

成人教育面对的一个巨大问题就是工学矛盾，所以对于学生的学习情况管理者要以人为本，综合考虑。如旅游管理专业，学生大都是导游，大部分时间都在外地带团，按照教学计划安排，需要线下面授时学生不能参加，那么学生是否可以通过申请，采用网上学习的方式来替代面授学习。这些情况需要教学管理者充分考虑学生情况制定更加细致的教学管理制度来规范混合式教学管理。要坚持以人为本的教育理念，原则上应给予学生更多的空间、时间进行自由支配，为学生安排线上学习提供便利。

四、混合式教学实践效果

（一）学生学习的自主性得到很大发挥

混合式教学让教师把更多的时间放在了思考如何引领学生探究，而不再进行单向的知识传授。教师通过精彩的设问引领学生思考，把更多的学习时间交给学生，让学生主动探究。教师利用网络开展资源共享、作业预设、小组讨论与展示、网上测试等教学活动，给学生提供了自主学习的空间和时间。他们可以在任何时间任何地点遇到不懂的问题随时提问，老师和同伴们都能够给予解答。教师提供的学习资源是丰富的，开放的，满足不同层次学生的需要，他们可以按需索取。学生们登陆平台，学习、讨论、发表观点，教师和同伴在这个平台上热烈讨论，学生的自主性得到了充分发挥。

（二）减缓工学矛盾，提高学习效果

混合式教学大大减轻了工学矛盾，学生们无须把大量的时间浪费在路途中，降低了学习的时间成本，也缓解了他们的心理压力。他们利用碎片化时间随时上网参与学习活动，思维更加活跃，作业完成率也提高了，学习效果也有了很大的提升。学生们学习积极性提高了，混合式教学模式确实让他们学有所获，事半功倍。

五、存在问题及解决策略

（一）存在问题

教师的工作量增大。相比于传统教学，教师的备课量有了很大增加。教

师要给学生一滴水，自己就需要一桶水。为了给学生有效的引领，教师需要重新备课，提炼核心问题。随着学习空间的无限大，教师还要给学生提供大量的学习资源,这都需要老师成倍的劳动。同时在线学习学生的帖子需要回复，作业的批改量也在增加，增加了教师的工作量。

（二）解决策略

学校加大对混合式教学的投入。首先设立奖励机制，鼓励老师积极参与混合式教学改革;其次整合资源，可以引进校外优质教学资源，如北京大学、清华大学的微课资源、慕课资源，也可以校内整合相近学科的教学资源;再次，建立服务体系，尤其是技术服务体系，随时为教师提供技术上的支持，降低教师线上操作的难度。

六、结语

在成人教育中运用混合式教学模式有助于学校解决工学矛盾、解决学生基础不均衡等一系列问题，对于提高成人教育质量无疑是起着积极作用的，值得推行。但是在推行过程中也存在一些问题，这些需要成人高校投入更大的人力、物力和财力，带领团队不断地探讨。互联网的发展以不可阻挡之势推动成人高校改进教学模式，需要大家集合区域力量，优化资源，促进成人高等教育整体教学水平的提高。

参考文献

[1] 谢广汉 . 对成人教育实施混合式教学与管理的探讨 [J]. 高等继续教育学报，2014(07).

[2] 王自晔 . 高职院校成人高等教育混合式教学模式改革探讨 [J]. 中外企业家，2018(03).

《国画》课程在线教学资源建设中形式的选择与运用

姚 欣

摘要：全在线教学应用于老年学历教育是本学期在疫情推延春季开学特殊形势下的一种新探索。本文以老年学历教育美术专业(专科)的《国画》课程为例，探索了不同教学内容在在线教学资源建设过程中形式选择、具体设计和教学实施的差异化，并对教学效果进行了分析。

关键词：国画 在线教学 教学形式

2019年12月,在武汉发现了新型冠状病毒(2019-nCov),逐渐向全国蔓延。为阻断疫情进入校园，为确保师生生命安全和身体健康，各高校2020年春季学期均延期开学。针对疫情对高校的正常开学和课堂教学造成的影响，教育部于2020年2月4日下发了《关于在疫情防控期间做好普通高等学校在线教学组织与管理工作的指导意见》，要求各高校充分利用上线的慕课和省、校两级优质在线课程教学资源，在慕课平台和实验资源平台服务支持带动下，依托各级各类在线课程平台、校内网络学习空间等，积极开展线上授课和线上学习等在线教学活动，保证疫情防控期间教学进度和教学质量，实现"停课不停教，停课不停学"。

我校教师也根据课程的不同属性利用优慕课 APP、微信群、企业微信等各种直播平台开展远程授课，将疫情发展对春季学期教学安排带来的影响降到最低。这一过程中教师同时面临着在线开放课程建设和在线教学能力提升的双重考验。特别是国画、书法等不宜实施远程教学的技能类课程，如何在有限的条件下尽量满足学生的学习需求，引导学生养成在线学习习惯，从而达到教学目的是摆在美术专业老师们面前的共同难题。本文以对美术专业《国画》课程为例，研究在线开放课程教学资源建设中形式的选择、建设和运用效果，供有关同行参考。

国画是一门传统的造型艺术，同时也是一门视觉艺术。如果离开视觉形象，教师就无法教，学生就无从理解和学习。所以国画教学的主要教学形式是直观的形象教学。但美术专业国画课程的教学内容不仅包含有绘画的技能技法还有历史、文化、诗词解读、物象观察等等。根据不同性质的教学内容在教学资源的建设中选择恰当的形式，即可丰富学生的学习体验也可以达到事半功倍的教学作用。

一、讲授类教学资源形式的选择

（一）音、图、文结合实现史论类教学内容的可视、可听

国画 20、书法 18 和书法 20 三个班主要是老年学员，在远程教学初期对这种形式的教学有较为明显的抵触情绪，很多学员反应手机屏幕较小，看不青，无法学习。针对老年学员的具体困难，对课程初始的概论课重新进行了整合。以故事带朝代、以人物带画派通过一个个妙趣横生的小故事阐述中国画的绘画精神与写意绘画的文化内核。形式上采用音频讲解与图、文相结合的形式

进行。一个音频就是一个故事，学生在手机上打开文件用耳朵听就可以完成学习。聆听中容易产生歧义的词汇比如画家的名字、绘画作品的名字可以有针对性的再到提供的文本资源中进行查询。音频中提到的作品通过语言描述仍无法完全体会的亦可以通过图片资源，得到更直接的感受。音、图、文三种资源有机结合，避免了学生通过手机大段阅读文字的枯燥乏味，大大降低了远程学习的难度，缓解了在线学习早期的抵触情绪。对于教师来说，音频录制相对于视频录制和剪辑所用时间短和操作难度低，工作量相对降低。

（二）图片与视频相结合实现细节观察与动态体验

对客观物象的观察与多维度体验是绘画不可或缺的重要环节。动态性物象比如花卉开放的过程、鸟类飞翔的姿态都需要通过视频资源让学生更加直观的观察；静态的图片则可以帮助学生进行细节观察，比如：果实的截面、鸟类的骨骼、羽毛的形态等等；多图片的对比观察则可以帮助学生做深入观察和分析从而达到对物象结构的完整认知。在观察环节的教学资源投放时应根据不同的教学目的选择合适的图片或者视频。

二、示范类教学资源形式的选择

示范是美术教学过程中的重要教学形式，中国画的师承教学传统更是如此。工具、材料的特殊性决定了其绘画技能技巧的复杂性，示范教学有利于学生迅速掌握、消化相关的知识、技巧，是提高教学质量的重要环节。因教学目的的差异，示范教学可以大致分为精讲示范、步骤示范、范画示范和修改示范等。在线教学资源建设中根据不同示范内容的特点以及学生学习的便利性选择合适的教学资源形式。

（一）微课视频的精讲示范

学生很难在屏幕面前观看三个半小时的面授课程录课。抓住重点和难点，抓住教学设计中的核心精讲精练就是让好钢用在刀刃上。采用五分钟的微课视频形式用于精讲一次课中最核心或最难的技能和技法，特别是无法用言语、文字、图片说明的技能技法，比如：直观、细腻的展示勾、染、点等用笔的动作；调墨、冲墨、泼墨、甩色、点色、吹色等用墨的方法；物象结构的关键衔接点等等。以《真香妙质画兰草（一）》一课为例，精讲微课视频就包含有：①着重示范用笔动作的《单叶的基本用笔》。②着重示范穿插关系的《三笔兰叶小组合》。③着重讲解倚正关系示范的《多个兰叶的分组组合》。三个微课由简到难层层递进，引导学生通过一步步的练习顺利掌握绘画简单兰草组合的方法。录制教师的绘画过程并作具体详细的解释指导制作视频，可以让学生亲眼看到绘画的过程和动作细节才能真正领会技法的具体完成步骤，并体会其中的难点和关键点。

（二）图文结合的步骤示范

较为复杂的作品练习绘画时间往往较长，即便是尺寸较小的三个物象以上的组合绘画时间也在半个小时到一个小时之间。这一类练习通过完整呈现教师的绘画全程其教学效果并不会比图文并茂的步骤图效果更好。特别是学生在临摹练习时还需反复拖拽进度条找到自己需要的步骤从而造成了客观困难。对于较为复杂的组合练习建议使用更为便捷的图文步骤图。以《碧叶金丸画枇杷》一课为例，教学资源除了《枇杷果的画法》《枇杷叶的画法》《一组枇杷的画法》三个精讲视频以外，还有《碧叶金丸》《秋来果香》两个实践练习的步骤图文件，如图1、2所示。保障学生在观看并练习精讲内容后可以根据自身的能力选择难度合适的练习，并形成最后的完整画面。

图文步骤图虽然无法展示用笔动、调墨方法等细节，但可以进行时间线上的推移和展开，将绘画的程序迅速、直接的展示出来。而且学生从一开始就是从宏观的角度观察整个画面，配合文字对关键知识点的重点提示，也可以将每一步骤具体运用的处理方法和手段让学生得以理解。具体文件格式既可以为长图也可以为PPT，通过教学实践发现手机阅读时PPT形式效果更佳。

图 1　练习一《碧叶金丸》

图 2　练习二《秋来果香》

（三）多难度的范画示范

临摹是中国画教学的常用教学方法，特别是在课程开始的初期有利于学生快速形成成就感并引发学习兴趣。范画是学生临摹练习的重要把手，如果说微课和步骤图是面对全体学生的集体课，范画则可以从一定程度上给予学生自主选择、自主学习的空间。技能技法和绘画步骤往往较为固定，但学生最后呈现的作业面貌则可以有不同。在范画的选择上可以从难易程度、风格差异化等多个维度入手，照顾不同学生的学习能力和审美倾向。数量上建议提供三到五张范画，过少可选余地较小；过多则容易产生选择困惑，甚至会对于学习积极性高，愿意临摹所有范画的学生来说造成完成障碍。

（四）修改意味的示范

有时候，往往教的一方面较系统地讲授并进行了一定的课堂示范，但有的学生在作画中还是产生一些错误，这就需要教师及时对学生练习过程中的问题进行指点，进行修改意味的示范。这类示范包含有两类：一是个性化的纠错示范。但在线教学中的师生互动明显弱于面授教学中师生互动的及时性和频繁度。特别是在现有优慕课平台无法实现师生实时互动的情况下，还要借助于微信等其他平台来完成作业的指导、评价和修改。受在线教学的限制教师无法在学生原作品中进行修改和局部示范，教师需要通过对照片的圈点、局部修改帮助学生认识到画面的失误。修改性示范既要及时，同时又不能太多，修改要带有启发性，适可而止，通过寥寥几笔的修改让画面出现转机，使学生领悟到改正画面弊病的方法要领；二是带有普遍教育意义的常见错误汇总。这类教学资源是教师预设出的学生可能出现的常见问题，是教师通过长期教学获得的经验总结。此类汇总如果在学生练习之前提供可以帮助学生规避错误；如果在学生练习之后再总结提供也可以帮助学生归纳规律找到错误的源头。此类汇总如问题涉及构图、造型，一般以图文并茂的文本形式呈现，如果涉及用笔用墨动作则需通过有针对性的视频形式呈现。

三、拓展学习类资源的选择

对于学有余力的学生，教师可以提供更多的拓展学习资源。这一类资源内容可以从教育部公布的教学平台上直接链接，也可以从多个 APP、微信账号中选取。形式更为丰富，包括有书籍、画册、音频课程、视频课程、微信文章、画家名作、学生优秀作品等。

四、结语

全在线教学和混合式教学相比有较为明显的缺憾。特别是技能技法类课程在单一的在线教学环境中面临着很多困难与不便，要求教师在运行过程中要做好课程内容的再设计，不断地改进和创新教学形式。根据不同的教学内容和教学方法开发、制作更为合适恰当的教学资源，适应学生的学习能力，引导学生养成在线学习习惯，确保教学质量和学习效果。随着教学实践的不断尝试、教学经验的不断积累，在线课程教学资源的逐步建设和完善，在线教学也将成为此类课程面授教学的有力补充。

参考文献

[1] 教育部应对新型冠状病毒感染肺炎疫情工作领导小组办公室关于在疫情防控期间做好普通高等学校在线教学组织与管理工作的指导意见.[2020-02-04]. http://www.moe.gov.cn/srcsite/A08/s7056/202002/t20200205_418138.html.

[2] 姚梦婕.现代多媒体技术在老年大学国画教学中的应用 [J]. 现代职业教育·高职高专，2018(10):128-129.

[3] 任斐斐.中国画示范教学形式的选择和运用 [J]. 科技信息，2011(3):238.

校区功能定位与发展方向的思考

——以朝阳社区学院双龙校区为例

张 勇

摘要：作为开展成人教育的朝阳社区学院，需要进一步调整优化全院办学板块布局，明确双龙校区功能定位，按互补、错位发展的办学理念，统筹布局、一体发展。围绕学院"学历、非学历、社区教育"三板块工作格局，结合双龙校区资源实际，整合优势资源，打造双龙校区办学特色品牌。完善学院高校职能建设的同时，促进学院转型发展支撑建设，不断提高学院对区域社会经济发展影响力。

关键词：校区 功能定位 发展 思考

一、双龙校区发展现状

（一）校区资源情况

（1）校舍资源情况：占地 7312 ㎡、建筑面积 4156 ㎡。

序号	房间	数量	面积（㎡）	备注
1	普通教室	5	48	30人
2	专业教室	17	48	古琴教室1、插花教室1、香文化教室1、传统戏剧教室1、国学教室1、蜡染教室1、武术（舞蹈）教室1、剪纸教室1、中医文化教室1、茶文化教室1、棋艺教室1、牌艺教室1、餐饮实训室1、计算机房3、电钢琴教室1
3	报告厅	2	61、127	大报告厅108人、小报告40人
4	办公室	16	7~22	
5	会议室	1	48	
6	餐厅	1	48	
7	网球场	1		
8	活动广场	2		室外、各200人
9	停车场地	3		容纳60辆车

（2）校区区位资源情况。

双龙校区地处朝阳区东南部南磨房地区，位于东四环弘燕桥西侧，萧太后河北岸，比邻山水艺术大道美术馆，距CBD 4千米，公共交通便利。校区周边有山水文园社区、南新园社区、双龙社区，既有老旧小区、又有高端商品住宅，可谓浮世喧嚣中一处静谧之地。

（二）双龙校区两个发展阶段

双龙校区是1999年朝阳社区院整合成立前，朝阳区职工大学的校址，是在这样历史条件下产生的校区。双龙校区在朝阳社区学院成立后到目前为止，经历了两个发展阶段。

1. 第一阶段: 合作办学

1999 年学院挂牌成立后, 与中加工商学院开始为期 10 年的合作办学阶段。学院在双龙校区设立双龙南里教育教学管理办公室。

2. 第二阶段: 自主办学

（1）2010 年以后, 学院在双龙校区逐渐开启自主办学之路。当时学院"一校四址", 双龙校区辐射朝阳区东南部地区。学院学历、非学历、社区教育三板块业务开始向双龙校区布局。在原有双龙南里教育教学管理办公室基础上, 招生办、教务处、培训中心（项目管理处）、社区教育（社区教育中心）等业务部门分别在双龙校区设立办公室。

（2）2014 年开始, 学院先后成立餐饮服务于管理项目和文创专业建设项目, 在双龙校区设立餐饮项目办公室、文创专业建设项目办公室, 建设专业教室。

（3）2019 年, 裁撤双龙双龙南里教育教学管理办公室, 学院在成立文化传承与发展中心, 办公地设在双龙校区。

（三）双龙校区学历、非学历、社区三板块教育开展情况

双龙校区开展的学历教育是朝阳区职工大学、朝阳区电大分校纯自主社会招生, 非学历教育是针对中老年人的短期培训、社区教育是"种子工程"等政府项目。通过选取三板块教育 2014—2015 学年度——2018—2019 学年度中第二学期的学员（见图 1）分析, 不完全统计五个年度中, 学历教育降幅最大、非学历教育和社区教育在起伏中, 也呈现不同程度的下降趋势。学历教育的降幅受生源市场影响较大。非学历教育在双龙校区的中老年人的短期培训, 主要是民谣钢琴、合唱等文化休闲类项目, 生源以周边社区为主。社区教育受众人群也是中老年人, 又是政府项目, 所以这两个板块学员人数降幅不大。由体制、机制的因素, 但更主要的是校区功能定位不明确, 校区整体发展目标不清晰。

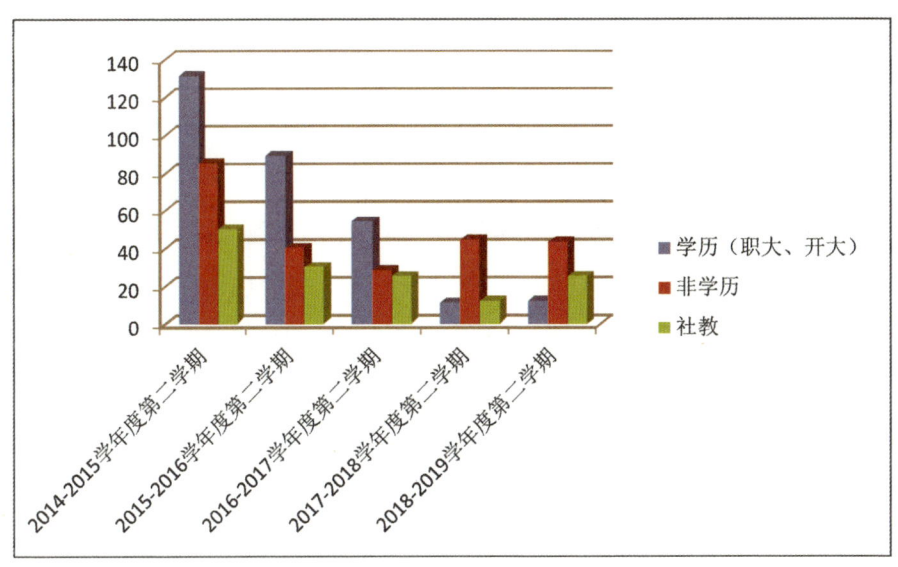

图 1　双龙校区学历、非学历、社区三板块教育开展情况

二、双龙校区功能定位问题及原因分析

1. 社会效益不显著

通过双龙校区学历、非学历、社区教育三板块开展情况（图 1）中可以看出，2010 年学院在双龙校区自主办学后，学历、非学历、社区教育三板块业务规模，呈逐年下降趋势。在学院总体规模中占比不大，没有形成规模效益，社会效益不显著。当然，这里不排除管理体制和运行机制等多方面因素。

2. 办学特色不突出

朝阳社区学院是北京市首家社区学院，形成了"学历教育为基础，非学历教育为重点，社会文化生活教育为特色"的工作格局。在一定时期其办学理念、人才培养模式都走在全市的前列。但在校区的目标、功能、体制、机制、办学模式等方面，没有展现出应有的特色。在 2015 年 7 月启动文创项目后，才开始走上了特色发展之路。文创项目传统文化体验、培训等活动，到 2019 年底总人数达到 2 万余人规模。

3. 资源利用不充分

学历教育板块在四个校区都有布局，但非学历教育、社区教育板块，因为涉及专业性质、场地（教室面积）、学员就餐、办公便捷度等多方面因素，绝大部分项目在和平里校区开展。双龙校区、和平西街校区，只有在和平里本部教室紧张时，才作为临时替补。随着学历生源的缩减，以及首都机场校区、和平西街校区的先后裁撤和调整等相关因素，逐渐形成了和平里本部阶段性资源紧张，双龙校区资源利用不充分的局面。根据双龙校区学历、非学历、社区教育三板块开展情况统计，到 2019 年上半年学历教育、非学历教育、社区三板块教育教室使用率只占校区教室的 13%。

4. 功能定位意识不强

学院成立之初，和平里本部、雅宝路（和平西街）、双龙南里、首都机场，"一校四址"的办学格局，从南到北辐射整个朝阳区。非学历教育和社区教育板块刚刚确立不久，处于起步阶段，所以各校区的职能，更多是以学历教育为主的原则，根据方便学历教育生源就近入学来考虑。后边也基本是延续了之前的布局，功能定位没能随着学院整体发展变化而调整明确，校区功能定位意识不强，影响校区发展的活力。

5. 功能定位聚焦不够

从职能角度，双龙校区有学历、非学历、社区等三种教育类型，以及文化传承创新职能（传统文化教育），其中学历教育餐饮服务与管理、烹饪工艺与营养专业又结合了校区的餐饮项目，是学科专业＋教育类型的混合模式。从管理上看，三板块业务双龙校区办公室由其部门纵向管理，2019 年之前校区运行保障是由校区教育教学管理办公室负责，之后又由后勤服务中心管理，文化传承与服务中心配合，属于"条式＋块式"管理交叉共存的模式。

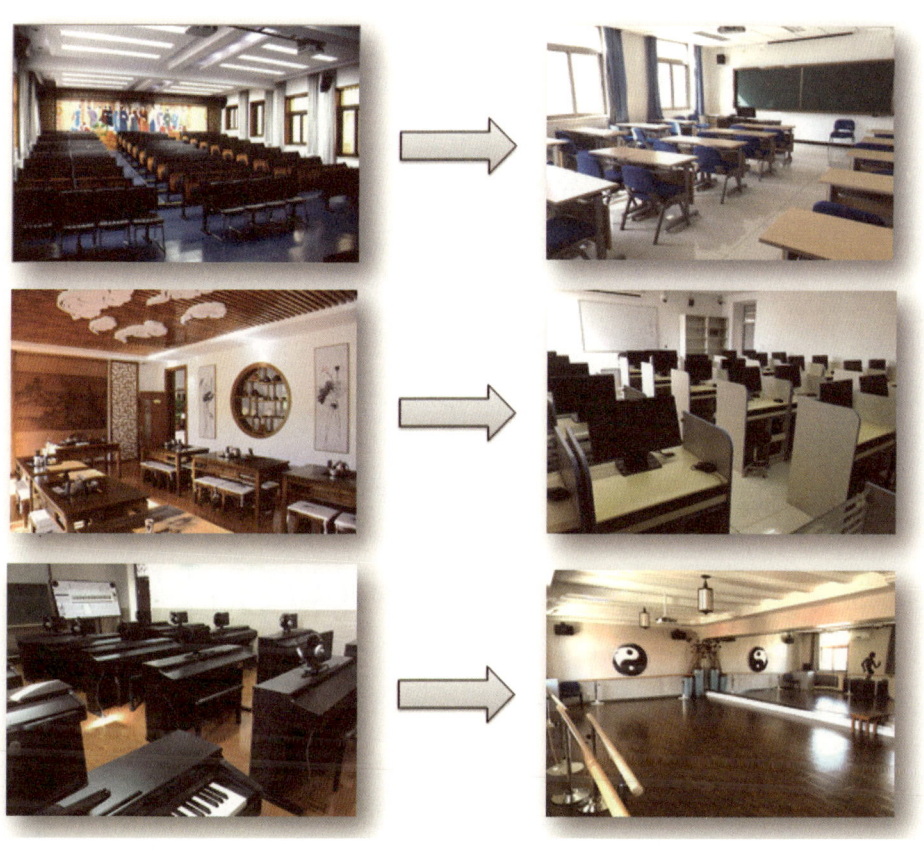

部分教室资源实图

通过校区部分教室资源视图可以看出，从 100 多人的报告厅到标准的小教室、从传统的茶文化教室到现代的多媒体网络计算机教室、从提高艺术修养的电钢琴教室到健身强体的形体教室，校区资源可以说是一应俱全，面面俱到。但忽视了核心定位，顾此失彼，没有形成功能定位的长效机制，没能随着社会发展需求而不断调整聚焦。只有加强顶层设计，加强强化功能定位的精准，才能使校区焕发出新的的生命力。

三、双龙校区功能定位与发展方向的思考

（一）校区功能定位的意义

1.校区的明确定位，有利于校区发展方向的确定

成人教育不同于普通教育和职业教育，其特定的定位和功能，在满足人民群众多样化、多层次、多规格和个性化的教育需求方面，具有无可替代的作用。构建校区与学院协同发展的机制，明确校区功能定位，才能清晰校区的发展方向和办学思路

2.校区的明确定位，有利于资源的有效集聚

校区明确了功能定位，发展目标和发展路径自然会更清晰，必然会促进共识的形成。校区作为学院的组成部分，持续发展问题也会上升一个层次，会促进资源有效集聚，形成新的发展合力。学院对于人、财、物等资源的统筹上会更有针对性，尤其是人力资源的建设，关注度会不断提升，为校区的内涵建设提供有力的保障。

3.校区的明确定位，有利于学院整体优势发挥

校区与学院是部分与整体辩证统一的关系，部分与整体是相互依赖、相互影响、相互转化的，是互为存在和发展的前提。部分的功能及其变化对整体的功能起决定作用，作为部分的校区合理的功能定位，能使整体的学院系统内部的结构得到优化，更可以使学院整体优势得到最大限度发挥。科学定位双龙校区的功能，培育学院特色办学的新增长点，才能推动学院整体发展战略目标的实现。

（二）双龙校区功能定位的原则、发展方向

1.要符合社会（区域）发展需求

以社会需求为根本，要对标朝阳区教育发展规划，对标朝阳区区位功能，

以及北京市的发展目标需求进行顶层设计，更好地融入社会发展体系。教育部长陈宝生在推进教育治理体系和治理能力现代化文章中指出："在构建服务全民终身学习的教育体系上出实招、见实效，加快发展继续教育、成人教育和老年教育，解决好教育供给能力问题"。学院要秉承学院"立足社区、服务社区"的办学宗旨，以问题和目标为导向，强化校区功能定位，为推进构建服务全民终身学习的教育体系、推进区域经济和社会发展贡献力量。

2. 要树立互补、错位发展的办学理念

校区与学院是相互支撑、互为促进的关系，学院要坚持整体布局，一体发展的思想。以互补、错位的发展理念定位校区的功能，不断拓展学院的办学空间，提升学院的整体实力。同时尽量与朝阳区整个教育系统的布局互补、错位。2016年启动的朝阳区市民终身教育服务中心，地处望京地区，涵盖学前教育、青少年校外教育、成人教育、家庭教育和乐龄教育等内容。地理位置上与学院双龙校区一南一北，在校区功能定位上学院结合自身优势，同时考虑相关因素的存在。

3. 要促进校区的发展、特色的形成

根据学院学历教育是基础、非学历教育是重点、社区教育是特色的办学格局，科学分析学院优势，结合双龙校区的实际，不断凝练特色，提升内涵建设。朝阳社区学院社区教育处于朝阳区龙头地位，乃至在全市都有一定的影响力，可以说是区教委社区教育工作的一个重要抓手，已经从1.0迈入2.0时代，要充分发挥突出学院社区教育的优势和特色。以社区教育为引领，整合学院家庭教育、传统文化教育、老年教育，形成朝阳区市民学习中心概念，以这个概念定位双龙校区的功能，打造学院社区教育特色品牌，为校区的发展注入新的活力。同时科学构建校区与学院协同发展的管理体制和运行机制，促进学院整体发展目标的实现。

参考文献

[1] 陈明秀 . 关于多校区功能定位的研究与思考 [J]. 中国教育发展研究杂志，2010(10).

[2] 姚炜，王洪法 . 多校区办学：苏州大学的经验、问题与思考 [J]. 苏州大学学报，2007(09).

[3] 黄炳强，张丽芳，张蔚伟 . 我校多校区管理模式的探索与思考 [J]. 福建医科大学学报，2005(05).

做好社区教育骨干培训工作的思考

赵　宏

摘要: 社区教育骨干培训项目运行了近十年, 有很多的成绩, 为社区培养了一批业务能力高, 乐于从事社区教育工作的居民社区教育的骨干师资, 有效地提高了社区教育的辐射能力和普及程度, 带动了社区(村)社区教育活动的开展;同时也发现了项目运转中存在的一些问题, 学员的问题、教师的问题以及课程的问题;针对问题给出了一些解决的策略。

关键词: 成绩 问题 措施

党的十九大指出:"我国社会主要矛盾已经转化为人民日益增长的美好生活需要和不平衡不充分的发展之间的矛盾。"这一重大战略判断, 为新时代谋划发展、推动发展指明了正确方向。

在庆祝中国共产党成立95周年大会上,习总书记提出了文化自信。在"中国梦"的语境下, 文化自信越发重要。这是对自身文化价值的充分肯定, 是对自身文化生命力的坚定信念。

　　随着我国社会转型和城市现代化不断提速，社会正从同质单一性社会向异质多样性社会转型，"单位人"向"社会人"转变，社区成员的结构和素质呈现出多样化趋势如社区居民的整体素质，增强社区居民的凝聚力和归属感，把社区建设成为可依赖的家园，已经成为现代社区建设的重要内容。从这个角度认识社区教育的功能，社区教育充分发挥了载体作用，建立起以志向、兴趣为纽带的各类学习型组织、学习共同体、学习圈，把社区居民聚合到一起，把社区发展和个人发展紧密地连在一起，实现社会、社区与人的共同发展。鉴于此，把提高全民族文化素质同社区骨干教育结合起来，从而带动社会全面进步和发展。

一、成绩

　　朝阳区区域面积大，居住人口结构复杂，是我国第一批社区教育实验区，亦是第一批社区教育示范区。朝阳社区学院于 2011 年底启动了"社区教育活动骨干培训"项目，为社区培养了一批业务能力高，乐于从事社区教育工作的居民社区教育的骨干师资，有效地提高了社区教育的辐射能力和普及程度，从而带动社区（村）社区教育活动的开展。

　　1. 规模发展见成效

　　2011 年 12 月 7 日第一期培训班开班时，社区教育活动骨干培训项目只开设了钢琴伴奏和展板设计两门课，每门 6 次课 18 课时，学员 70 人。而到了 2017 年 9 月开班的第十四期，社区教育活动骨干培训开设了国画、书法、摄影等科目初高级班 26 个，320 名学员，培训时间增加到 48 课时。课程越办越丰富，学员越办人越多，社区教育活动骨干培训项目的影响也越来越大。

　　2. 骨干作用发挥好

　　精心设计的培训课程既提升了学员的专业能力，又增强了他们的志愿服务意识，同时通过活动加强组织管理能力，使他们回到社区能更好地服务社区居民。通过对东湖、太阳宫等 13 个街乡的走访，了解到近年来参加骨干培训共计 295 人，涉及全部专业。学员回社区积极支持社区工作，50% 学员用所学知识组团建队，丰富社区居民生活，带领居民参加到社区教育活动工作中来。

比如六里屯街道：共派出 38 人到学院学习，涉及舞蹈、国画等 9 个专业。选送的学员都是各社区的优秀骨干，他们用所学知识服务社区，积极参与社区志愿者活动。舞蹈研修班学员王朝省，支持社区工作，积极带头参与社区的各项政治任务，组建了舞蹈队自编自导，带领大家到敬老院慰问演出，给孤寡老人们送去了关爱，到福利院看望残疾孤儿，用他们的优美舞姿给孩子们送去了母亲般的温暖，让孤寡老人和残疾孤儿感受到了社会主义祖国大家庭的关爱和温暖。骨干学员每周坚持活动 3 到 4 次，发挥了很好的引领带头作用，吸引了更多的居民参与到社区教育的建设中，受到社区干部居民的认同。

东坝乡：2014—2019 四年里共计有 90 人参加骨干培训，涉及专业 12 个，培训人员能积极参与社区各项活动，并在社区组建手工，剪纸，舞蹈，书法班，为社区居民带来了丰富多彩的业余生活，让更多的居民走出家庭参与到社区教育活动中来。骨干学员通过不定期的教育活动，把在社区学院学到的知识耐心、细致、热情地向社区居民传授。各类兴趣班每周都有活动不少于 2 次。个别骨干学员因水平有限所学课程无法满足居民需求，有些课程受社区教育经费限制，社区缺乏整合教师资源的整体规划，未能将骨干力量充分发挥到志愿者服务中。

3. 志愿服务见真章

优秀骨干学员通过考核成为社区教育志愿者，由朝阳社区学院统一负责管理参与到学院、朝阳区老年大学、朝阳区社区青少年教育培训中心、市民终身学习服务中心、朝阳区各街乡的社区教育工作中。近四年有近 200 人次的优秀志愿者参与了温馨家园项目，将自己的所学知识积极为社会公益事业做贡献，热心参与朝阳区残疾人温馨家园授课活动。东湖街道南湖东园北社区的张淑霞，不但自己组队丰富了社区居民的生活，还自编创作了许多脍炙人口的小段子。热心参与温馨家园的授课工作，不辞辛苦,未残疾人排练节目,参加各种展演展示活动，给这些特殊人群走出家门参与社会活动提供了有力支撑，让他们感受到社会大家庭的友爱，共享美好的生活。

二、问题

1. 学员参与度覆盖面不够广

截止到 2019 年 9 月，朝阳区 43 个街乡，有的街乡来的学员多，像东坝一期有 20 人报名，但有的街乡一个都没有。第十七期参加培训的学员涉及 19 个街乡，24 个街道。有 7 个街道如机场、小关，10 个乡如高碑店、十八里店等没有参加培训的学员。有些是路程比较远，但有些距离较近的也没有参加培训的学员，通过了解我们发现了问题的症结：一是各街乡负责文教这一工作的人员变动频繁，再就是一个人负责几摊事情，还有一个原因就是各个部门都有送课到基层的任务，抢人的事情时有发生。

2. 学员管理有难度

学员多数是退休人员，身体状况相对较差，既要要求考勤，又要考虑老年人的实际困难，操作起来确实有难度。管理严格的话，人员流失率就高；管理松散，作为一个政府公益项目还要考虑它的资金合理安全的使用问题。再就是随子女生活的外地老人比较多，一遇到老家有人需要照顾、子女工作忙要帮助照顾小孩等问题，中途辍学的比较多。

3. 排课时间有难度

所聘任教师多数是行业的佼佼者，多数人有本职工作或者身兼数职，安排上课的时间比较困难。教师有时间，学院的教室没空；教室有空闲时，老师又有社会工作不能兼顾。所以每学期的排课，确实是困难重重，需要多次的协商、沟通和调整才能落实。

4. 课程内容系统性不强

开班的课程艺术类居多，以国画为例：门派多，分之多，不同老师擅长不同，因此授课的内容与教师关系紧密，所以造成了不同老师上课教授内容不同，对教师和学员的考核没有一致性。

三、措施

1. 招收插班生

社区教育骨干项目是政府的公益项目，目的是为社区教育"孵化"出高质量的带头人，为朝阳区的学习型城区建设培育出金贵的"种子"，所以从招生流程、培训过程到结业都有严格的要求。但是由于老年学员的流失率高，为让更多的社区志愿者有学习的机会，我们在每学期都经过考核补录符合条件的插班生，既保证了班级的稳定性，又尽可能地让更多地学员有机会学习。

2. 微信公众号多宣传

推广社区教育志愿行微信公众号，通过微信公众号，宣传骨干培训班，让更多的社区居民了解、喜欢、参与项目培训。该公众号每周二期，每期三条。通过公众号关注老年朋友身心健康，既有图文阅读量较大记录师生日常学习活动原创内容，也有与健康养生相关话题。此微信公众号虽然宣传效果显著，但是鉴于资金问题，目前已经停办。

3. 编制大纲规范教学

考虑的摄影课和书法课的特点，先从这两门课程开始编写初、中、高级教材以及教学大纲，规范教学内容。

发现问题，找出策略，不断完善社区教育骨干培训工作。社区骨干培训项目为广大居民提供学习服务，提高了居民生活质量与幸福指数的教育，也促进社区和谐进步与可持续的发展。

网络教学普及时代的教育
依然需要人文关怀

周　伟

摘要：教书育人是教师最基本的职责所在。当今社会，信息技术飞速发展，教学组织和教学手段也在不断的更新与进步。2020年的新冠疫情给很多行业带来了严峻考验，教育领域也不例外，"停课不停学"对整个教育行业来说都是一场大考。本文主要探讨在新技术线上教育普及、社会出现不同程度的群体性焦虑和浮躁的大环境下，尤其在2020年黑天鹅事件频发的背景下，如何最大可能地保护教育应有的人文关怀，如何更好地完成教育的根本任务：培养有独立品格，有正确价值观和道德品性的人。

关键词：教育核心 线上教学 黑天鹅事件 人文关怀

从古至今，教书育人都是一件极其重要的事情，任何一个国家和民族的长盛不衰可以说都起源于教育。教师的言传身教，学生的寒窗苦读，是文明传承的基础；教育中人文精神的代代相传，也是社会稳固发展的基石之一。

21世纪，教育界出现了一系列的新鲜名词：大数据、云计算、移动学习、翻转课堂、智慧课堂、慕课、微课、混合式教学、AI教育、深度学习等。当前，教育新名词以快速的更新和特殊的效应，轮番冲击影响着教育工作者的大脑。早在2017年7月，国务院曾经发布了《新一代人工智能发展规划》，规划里明确指出要推动人工智能在教学、管理、资源建设等方面的全流程应用，促进人才培养模式和教学方法的改革，构建新型的教育体系。2019年9月30日，在教育部、国家发展改革委等十一部门联合发布《关于促进在线教育健康发展的指导意见》中也明确指出要支持在线教育的良性健康发展。如今越来越多的教育工作者开始逐渐认识到课堂科技的重要性。现在的一线教师，不管你是否愿意，都必须紧跟时代步伐，不断进行课程资源建设，学习运用线上教学平台，适应性改变传统教育的教学手段。随着数字化转型与教育科技的兴起，可以说教师的备课、教学、评估都发生了史无前例的巨大变化。

时间进入2020年，中国农历庚子年，可以说"黑天鹅"事件频发：新冠疫情全球范围大暴发，澳洲大火，蝗灾，非洲猪瘟，多国火山喷发，国际原油期货价格人类历史上第一次跌到负数，美股历史上总共5次熔断，有4次是在2020年3月，等等。这其中毫无疑问，持续已久的新冠肺炎疫情是2020年最大的"黑天鹅事件"。新冠疫情给很多行业带来了严峻的考验，教育也不例外，"停课不停学"对整个教育行业来说都是一场大考。从1月29日教育部"停课不停学"的政令颁布并提出利用网络平台进行在线教育的倡议之后，全国上下就普遍开始了"停课不停学"的教学安排。然而，从目前反馈回来的情况来看对效果的评价褒贬不一，来自各方面的抱怨也不绝于耳，问题主要集中在三个方面：①各方面技术设施（包括软硬件）没有保障；②教学效果难以保证、师资水平参差不齐；③学生学习的自我管理问题突出等等。作为一名长期从事成人教育的一线教师，我希望能够从教师这个视角，对特殊时期的线上教育中发现的问题进行一些力所能及的分析。

每当"黑天鹅事件"发生的时候，我们都能体会到不确定才是世界发展的本质。而不确定正是在考验人的反应能力。在教育中扮演关键助力角色的教师，必须学会在不确定中拥抱危机，洞察需求，保持应变能力。例如这次突如其来的疫情，让人措手不及，迫使我们大范围尝试教育的新技术，教育信息化的进程随着本次疫情而大幅提前，线上教学常态化成为可能。而这一轮突击应用中暴露的问题又在不断提醒我们，在教育行业，任何先进科技和新技术的应用都应该遵循以教育为本，为教育服务的原则。教育的核心内容始终应该是教人如何好好做一个有用的人，这才是教育最宝贵的东西。对于教师，我们需要仔细思考如何利用技术优势赋予传统教育新的活力，如何利用技术手段让教育变得更智慧。现在大多数的在线教育，过于注意知识和技术本身，就容易忽略对教育对象个体的价值观等软素质的培养。而教育的根本任务，是培养有独立品格，有正确价值观和道德品性的人。如果把教育委托给机器设备与技术，是否也是教育的悲哀？

由此，总结这些年在教学中的经验教训，我想初步探讨时代背景下，如何最大可能地保护教育应有的人文关怀。

当今社会，快节奏、焦虑、浮躁几乎成为多数人的标签。

首先"快"似乎已经成为当代人的人生信条，成为能力体现。扪心自问，学生的诉求，我们会不会听上几句就烦？思考问题，会不会不究其根本，只考虑表象？干什么都匆匆忙忙，可越忙越错？这背后，一方面追求了所谓的时间效率，但另一方面，我们会不会逐渐失去教育者应该有的耐心与专注？我感觉这次疫情对于在线教育来说，确实是一支催化剂，但也是一剂猛药，让还没有准备充足的在线教育一下子被推到聚光灯下。匆忙过后，我们是否需要慢慢总结与思考？

其次，焦虑。随着网络的发展，人们获得信息很便捷，但这种便捷也造就如今的群体性焦虑。欲望推动着人类发展，可当人类所创造的物质世界越来越丰富，又使人们发展出越来越多的欲望，不能满足自己的欲望，人就会变得躁动，很容易形成焦虑情绪。另外，人与人之间的竞争带来差距的日益明显，年轻人更注意自己的感受，注重自由，如果引导疏解不好也是构成现代人焦虑情绪的重要来源。

第三，浮躁。在中国当代作家之中，我一直叹服贾平凹先生的深刻，原因之一是早在二三十年前，他就在小说《浮躁》中就曾指出现代人浮躁的原因："主体意识的高昂和自身素质的低下"。由于这二者之间的矛盾，人们的行为和思想就会逐渐呈现出浮躁。这一论断至今看来依然可以分析眼下社会的浮躁，也应该能够为克制浮躁找到一条途径：当我们发现好东西的时候，我们的主体意识就很容易高昂，而我们的能力素质还比较低下，二者之间的矛盾就使得我们浮躁起来。由此，自我相关能力素质的提升就成为遏制浮躁的利器。

在上述种种大环境下，教师该以什么样的心态来应对呢？我初步的看法有以下几点。

第一，对学生的人文关怀不但不能放松，而且必须加强。

人文关怀是教育的基础，是一种宝贵的教育资源，也是学生健康成长不可或缺的人文环境。教师对学生的人文关怀，是教师必须具备的专业素养，更是师德建设的基础。按照中国传统哲学思想，人文教育至少要包含两层意思：第一也是最根本的一条是人文教育是教化理想的人性，即什么样的人是理想的人，什么样的人生是理想的人生。第二，通过什么方式方法来达到理想的人性与理想的人生。而人文关怀可以理解为是一种普遍的人类自我关怀，表现为对人的尊严、价值、命运的维护、追求和关切。其核心思想就是关心人，以人为本，重视人的价值。

市场经济中如果我们过多的关注物质的占有，反而会失去人性当中最为珍贵的东西，面对这些现象，加强人文关怀已成了我们今天社会发展中非常重要的课题。在教育领域，如何在网络教育大发展的时代保持教育的人文关怀，在物质极大丰富的时代下保持高度的精神价值，我觉得是我们教育工作者必须用心面对的大问题。

在教学中努力体现人文关怀，是时代的要求，是现代文明的要求，是教师理性成熟的重要标志。一名老师应时刻把人文关怀的理念存放在心中，体现在工作中，把人的情感、人的感受充分考虑在教学的各个环节中，我们教师要努力找到一个合理的、互相尊重的平衡点。

第二，作为一名教师，要做个有心人，才能真正体做到对学生的人文关怀。

成为一名"有心"的教师，首先要建立自信心。有自信心的人敢于认知改变，能够领悟"不确定的是环境，确定的是自己"这句话的真谛。自信心来源于两个方面，一方面是对自己教授课程内容的自信，对自己专业能力的自信。另一方面是一种信任感，建立跟自己的信任，同时也要建立对他人的信心。其次，教学工作中要有积极的心态，遇事往好处想，尽力往好处做，相信会有好结果，这种心态往往能让我们处乱不惊，更容易适应挑战与困难，积极正确地认知危机，能够灵活地去适应。第三，将心比心，设身处地、看待自己所面对的具体教学情况。比如，在这次应对疫情的网络教学中，我们有不少同学都是一线的抗疫人员，我们有没有考虑到他们本职工作的风险与艰辛，有没有给他们有针对性的鼓励与帮助。教育工作者要以一颗诚挚之心对待学生，让学生从你的热心、热情中体会到温暖，帮助他们建立正确信念，实现理想人生。第四，专心，就是专注于正在做的事情，专注于最后把事情做好，取得结果。不要在教改活动中出现既丢了历史，又走不出新生的遗憾。

最后，我借用北大社会学教授渠敬东老师的一段心得，表达我们这些在教育一线工作几十年的教书匠们的一点点心声：

知识不只在于它精深，

而在于它"亲切"

作为老师

一定要在学生心灵的土壤里，

感情的土壤里，

才能栽培

教育的价值在于务虚

在看不清的

具有各种可能性的生活里

教育化育一种应对能力

在不确定中

找到自己最确定的东西

读书是一辈子的事情

体会讲道理的快乐

认知更完整的世界

尊重过去

面向未来

在沉心静气中

忽觉人世间的意义

也便更加明白

自己应当怎样生活

参考文献

[1] A.J.M 米尔恩（英）. 人的权利与人的多样性——人权哲学 [M]. 北京：中国大百科全书出版社，1995.

[2] 李成祥. 成人高等函授教育网络教学模式探析 [J]. 中国成人教育，2017(18).

[3] 董燕. 林语堂的人文关怀 [M]. 北京：中国政法大学出版社，2012.

[4] 钱穆. 中国文化精神 [M]. 北京：九州出版社，2012.

浅谈计算机机房的管理与重新规划

周　旭

摘要：高校计算机机房的机器数量多，应用的系统也多，自然碰到的问题也多，管理起来比较烦琐。本文依据学校和平里本部计算机机房的使用情况，从实践出发，对日常使用、运维及对机房的再规划一些问题进行简单的阐述与探讨。

关键词：计算机实验室 机房管理 探讨 重新规划

　　信息时代飞速发展，计算机的应用越来越广泛，人们的日常学习、工作、生活几乎都离不开电子设备，尤其是学习更多依赖于计算机及相关技术，作为引导学员如何更好地利用计算机服务于将来的工作和学习的高等院校，计算机机房在其中有着举重若轻的位置，如何科学、严谨的管理好高校计算机机房，发挥其最大的潜能，服务于教学和学习则是至关重要的。

　　随着计算机软、硬件的发展和实际的教学需求，如今高校机房里面的计算机需要安装的系统和软件种类繁多，此前的单机保护卡可以达到对计算机的有效保护作用，但如果还是单机管理的话基本上无法运维，这无疑会给管理者带来很大的不便。利用云保护系统进行网络化管理，则可以实现对计算机房全面、有效、安全的运维，提高工作效率。下面以学校和平里本部的计算机机房和目前使用的集智（ADS）桌面云管理系统为例，对计算机机房在管理和再规划上的一些问题进行简要的阐述和探讨。

一、学校计算机机房现况分析

目前学校本部一共有 8 个计算机房，每个机房平均有计算机 40 台，承担了学校的教学、社会性考试、培训等大量的计算机教学任务。涉及学历教育、老年兴趣班、老年学历教育、公务员培训、国家性质的无纸化考试等多个方面，涉及 Win7、Win10、Win-Server 等多个操作系统，甚至还有 WinXP 系统，机房使用频率非常高，更新频繁，系统更换周期短，有的时候甚至一天之内就要进行不同系统之间的数次切换，如果使用单机版的保护卡，会给管理和教学带来很大的困难，几乎可以说是无法实现的。

利用集智桌面云管理系统则可以轻松地解决以上问题，实现快速、高效的网络化管理，使多任务教学的切换不再成为难题，也最大限度地保护计算机硬件资源不被损坏，有力保障学校各项计算机教学、培训、考试任务的顺利进行。

二、集智桌面云管理系统的基本管理功能

使用集智桌面云管理系统借助网络环境，对计算机机房可以实现高效、全方位的管理，下面仅对几个最基本也是最主要的几项功能进行一下阐述。

（一）系统建立和克隆

机房首要解决的就是操作系统的建立问题，新电脑大多是无系统或是系统不符合教学需求，所以要对每台机器重新安装操作系统，如果一台一台安装，

庞大的工作量是难以想象的。利用桌面云管理系统则可以轻松的解决这一难题，同一个机房只要做好一台机器就可以了，甚至可以把需要的教学软件一同安装好，做好相应的解码注册等工作，然后使用系统同传功能进行系统克隆就可以了，如果网络环境优良的话，基本一个常用的教学系统2~3个小时就可以传送完成。而且再需要增加新软件的话无须重新安装系统，只要在一台机器上安装，然后使用增量备份，一个常用的软件增量备份时间在几分钟到几十分钟，稍微大一点软件一般1~2个小时也就可以完成增量了。

这一功能要求所在机房的电脑的配置一定要完全一致，这样在克隆时才不会出现问题，好在学校每个机房里的计算机基本都是统一配备的，机器的品牌、型号、配置都是统一的，这就不必担心克隆完的电脑无法启动或不能运行等问题。

（二）系统保护

系统克隆完成以后，面临的问题就是保护问题，因为学生在使用的时候会存在误操作以及一些人为的破坏情况，导致后面的学生无法正常使用，利用桌面云管理系统里的保护功能可以轻松解决这一问题。

每个机房的系统会在服务器上保存一个镜像文件，每次开机启动时，终端电脑都会读取这个镜像，只要镜像不被破坏，机器就可以正常启动起来并进入相应的系统，保证每一次使用几乎都是一个完整、干净的系统。

（三）多系统的安装和使用

前面已经提到，学校承担着多项教学、培训、考试任务，不可能把所有的软件一股脑地塞在一个系统里，那样会造成系统过于庞大，降低使用效率。这就要用到桌面云系统里的多系统引导功能。

以前的单机版保护卡一般最多只能支持两个系统的安装，再多就实现不了了，而且不支持高版本的操作系统，这显然不能满足现有的使用需求。

使用集智桌面云系统，可以建立多个引导系统。利用云系统将一台电脑的硬盘分成若干个逻辑空间，每个逻辑空间安装一个操作系统，多个逻辑空间可以安装不同的操作系统，彼此之间不会产生影响，再根据教学、培训、考试等不同的使用任务分类安装相应的软件，在启动桌面上建立多个启动选项，每一个选项对应进入相应的系统，对考试用的系统还可以进行隐藏，在使用的时候再开放，这样既保证每个系统不会因为过于臃肿而导致降低机器运行效率，又相对保证了一些考试系统的保密性。

（四）桌面云系统的其他功能

集智桌面云系统不仅可以实现对系统的克隆、保护、多系统运维等，还有一些其他非常实用的功能。

分组管理——将所有终端依据不同类型划分不同的组，由 ADS 服务器进行集中统一管理。

智能部署——所有客户端开机即可使用，ADS 在后台将自动进行部署或更新，无须机房停课即可进行部署和维护。

断网使用——ADS 的智能部署是真实写入客户端本地硬盘，首次部署完成后，便与服务器无关，日后均可脱离服务器或网络进行使用。

自动修改 IP 地址——无须手工逐台修改，在服务器上统一部署 IP 地址即可。

远程管理——可以实现网络唤醒、远程关机等操作。

集智桌面云管理系统具有全面管理学校及培训单位的公用机房及多媒体教室的系统自动部署和管理的功能，涉及的领域非常广泛，管理功能非常强大，这里谈到的仅仅是其冰山一角，限于篇幅所限，这里就不一一赘述了。

三、对学校计算机机房重新规划的几点思考

学校和平里本部有 8 个机房，集中分布在西楼的 2、3、4 层，其中大部分电脑使用频率过高，都已经到了更换年限，很多电脑部件老化，由于时间

久远，很多部件基本停产停销了，不易更新，能使用的电脑也经常出现故障，不太能满足日常的教学需求，更别提无纸化考试了，限于桌面云管理系统对硬件方面的管理标准，建议将同品牌、同型号、同规格的电脑合并处理，集中在一个机房里，以满足基本的教学任务。已更新过设备的机房则可以保留使用。对于空置下来的机房在条件允许的情况下，添置新设备，以满足硬件需求高的教学任务和高级别的无纸化考试任务。

由于学校承担任务的繁杂性和短周期等特性，每个机房独立运维，即使设备相同的不同机房也要避免交叉管理，增加机房使用的灵活度，以免互相干扰。

对机房系统进行清理，过于老的系统版本（如 XP 系统）予以剔除，保留 Win7 和 Win10 系统，相关教学任务也应尽快往新系统上更换。

尽量精简系统部署，不宜建立过多镜像，以免造成服务器超载，一些常用的应用软件部署在一个系统中即可，个别硬件环境需求高的软件单独建立镜像、单独安装部署、单独运行，系统的频繁切换也会对硬件造成一定的损伤，导致机器运行不稳定，影响正常的教学秩序。

在条件成熟的情况下，淘汰老系统，将云系统整合部署在一个服务器上，便于管理和运维。适当扩充服务器硬件配置，保障稳定、高效地管理机房设备和计算机机房的合理分配与使用。

更新网络环境，部署千兆线路，因为机器的良好运转不仅仅在于设备的更新，还依赖于畅通的网络环境，只有这样才能更好地发挥计算机机房的作用，使其更好地为学员使用，满足学校的各项教学、培训、考试任务。

四、结语

计算机机房管理工作不需要多么高深的专业水平，但是不同的机器、不同的系统都有不同的管理办法，要使得管理工作能顺利进行也是需要积累丰富全面的计算机知识经验，再加以灵活应用，需要管理者熟悉本学科的基本理论和实验技能，熟练把握机器的性能、操作要领，要有较强的责任心、专业技能，掌握一定的故障检查及修理技术，做好技术资料的积累和整理，平时多学习、多动手、多思考，才能让机房更高效的为我们的工作、学习而服务。

参考文献

[1] 张程 . 信息机房基础环境管理指南 [M]. 中国电力出版社，2016.

[2] 张蕾 . 高校计算机机房的运行管理与技术控制 [M]. 北京交通大学出版社，2015.

[3] 集智 (EMS) 桌面云管理系统 – 产品说明书 [G]. 北京东方亿盟科技有限公司汇编，2010.

基于网络教学平台的成人公共英语混合式教学模式探索

邹　蓉

摘要：在成人学生中开展的公共英语混合式教学实践表明，以在线教育综合平台为依托，融入主题化教学与翻转课堂思想的"四三二一"混合式教学模式有效提升了课程的教学质量。同时基于网络的混合式教学也增加了成人学生的学习难度。在未来的混合式教学中，要加强对成人学生的学习支持，并加强混合式教学中个性化教学的研究探索。

关键词：主题教学　翻转课堂　混合式教学　学习支持

一、前言

时至今日，我们所处的社会已经进入到一个信息化高度发展的时代。以计算机多媒体和网络通信技术为核心的信息技术迅猛发展，人们向网络时代阔步迈进。高度发达的网络信息技术从根本上改变了人类的生活方式，也从根本上改变了人们的学习方式。学习的途径不再仅仅依靠书本和老师的讲授，网络上浩瀚的知识海洋和不断更新的信息资源，使原来固定老师，固定场所，固定内容，固定进度，固定标准的单一式学习模式被彻底打破。建立于网络技术和网络信息基础之上的学习方式越来越显示出其强大的生命力。其中能将线上学习优势统筹整合到传统线下学习中的混合式学习脱颖而出，成为各级各类学校教育教学改革的热点。自 2003 年祝智庭教授的论文《远程教育中的混合学习》首次在国内对混合式学习进行系统介绍以来，近二十年过去了，混合式学习在中国的热度始终不减，研究广度和深度不断推进。

北京市朝阳区职工大学是隶属于北京市朝阳区的一所成人高校。学院顺应时代潮流，自 2016 年开始推动混合式教学改革，2017 年正式上线综合网络教学平台。前期在少数课程中展开试点改革，逐步向其他课程铺开，现在所有教师都要选择至少一门课进行混合式教学。笔者在学院开展混合式教改之初曾做过混合式教学现状与对策分析，现在在公共英语课程中开展混合式教学实践探索。可见我们的做法也是在混合式教学改革的道路上逐步深化。

二、成人公共英语混合式教学设计与实践

成人公共英语课程依托"清华教育在线"与我校合作建设的在线教育综合平台布置线上学习任务，结合线下面授课堂，采用混合式教学模式。

（一）教学设计

首先，为了更有效开展公共英语教学，在公共英语课程中引入主题教学的思想。主题式教学是将语言学习基于某种主题教学来进行的一种教学方法，主张根据学生的需要选择主题，在主题内容的学习过程中习得语言。主题式教学强调基于内容的语言学习，为学生创造出一种较为真实的语言学习与应用的环境，学生在对语言的实际使用过程中掌握语言。学生的注意力集中在

所学内容而不是语言形式上，也有助于消除单纯语言规则学习带来的枯燥感，提高学习兴趣。因此，公共英语课程精选学习内容，基于不同主题开展教学。

其次，公共英语教学采用翻转课堂的理念。翻转课堂是指重新调整课堂内外的时间，学生在家完成知识的学习，而课堂变成了答疑解惑、知识运用的场所，从而达到更好教育效果的一种教学组织形式。在翻转课堂中，"知识传授"由学生在课前进行，他们可以通过各种方式进行自主学习，比如阅读教材、看相关视频讲解、在网络上向教师请教、与同学讨论、查阅需要的材料等。"对知识的理解吸收"是在课堂上通过互动来实现。教师通过第一阶段的学习反馈提前了解学生的学习困难，在课堂上给予针对性的有效辅导。课堂上学生与教师，学生与学生进行互动交流，教师创造条件让学生进行自主思考与知识运用，促进学生知识的内化吸收以及对知识更深层次的理解。

在线教育综合平台为公共英语课程开展翻转课堂提供了更为有利、便利的条件。教师可以课前在平台上上传学习资源等，布置学习要求，在线答疑等，为第一阶段—知识传授创造条件。线下面授课堂则解放出来实现第二阶段—学生对知识的理解吸收。教师利用平台布置课后拓展练习，形成闭环学习圈，有助于学生对所学知识的全面总结和提升。

基于上面的设计思想，公共英语采用"四三二一"的混合式教学模式。

四指微视频、录音、文本、PPT等四种学习资源，三指课前、课中、课后三个不同的学习阶段，二指面授课堂与网络这两个学习平台，一指一个学习主题。"四三二一"混合式教学模式指的是利用好四种教学资源，在三个不同的阶段和线上线下两个空间，开展好一个主题化教学。在这种教学模式下，课堂的教学内容按主题进行划分，每个教学单元围绕着一个特定的主题设计线上线下教学活动。学生要在课前进行相应的线上学习任务，完成有关知识点的自学，并为课上的学习活动做好准备。课上教师根据学生课前学习任务完成的情况，一方面有针对性地进行部分知识讲授，而把大部分时间用来进行语言能力的训练。课后学生再次进行线上学习，完成单元知识目标的测评及主题拓展活动。

（二）教学实践

在 2018 级工商管理专业学生中开展了"四三二一"混合式教学实践。具体做法是：从所学内容中找出适合主题式教学的部分做了五个单元的混合式教学。课程设计单如下。

主题	周次	教学目标	教学内容要点	教学资源	教学活动安排			学习效果检测与评价
					课前（网上）	课中（面授）	课后（网上）	
旅行经历	第8周	1.学生能够理解一般过去时的形式及用法 2.学生能够使用一般过去时谈论自己某次旅行经历 3.学生提高使用英语表达自我的兴趣	1.一般过去时的形式及用法 2.规则与不规则动词的过去式 3.课文词汇及语言点 4.如何写课文摘要 5.如何进行口头复述	1.教材P20-21 2.微视频"一般过去时讲解" 3.课文视频讲解 4.PPT"课文及语法讲解"	1.观看视频：一般过去时讲解，课文视频讲解 2.自学教材及PPT"课文及语法讲解" 3.完成摘要写作 4.通过上网查阅资料，准备与旅行有关的词汇（以小组为单位）	1.一般过去时及课文要点讲解（根据学生学习情况可安排学生分享课前学习心得和困惑） 2.学生口头复述课文主要内容 3.以小组为单位，介绍自己的一次旅行经历，然后每组选派一名代表介绍旅行经历	1.完成作文"我的一次旅行"并提交 2.完成线上在线测试 3.写出课后反思	1.摘要写作20% 2.小组讨论20% 3.课堂表现20% 4.课后作业20% 5.线上测试10% 6.课后反思10%

（续表）

主题	周次	教学目标	教学内容要点	教学资源	教学活动安排			学习效果检测与评价
					课前（网上）	课中（面授）	课后（网上）	
比赛	第10周	1. 学生能够理解比较级和最高级的形式与用法 2. 学生会用比较级谈论事物之间的比较 3. 学生提高使用英语表达自我的兴趣	1. 比较级与最高级的构成规则，不规则变化 2. 比较等级在句子中的使用 3. 课文词汇及语言点 4. 如何写课文摘要 5. 如何进行口头复述	1. 教材P40-41 2. 微视频"比较等级讲解" 3. 课文视频讲解 4. PPT"课文及语法讲解"	1. 观看视频：比较等级讲解，课文视频讲解 2. 自学教材及PPT"课文及语法讲解" 3. 完成摘要写作 4. 完成语法课前测	1. 比较等级要点讲解（根据课前测的情况有针对性地讲解） 2. 课文要点讲解 3. 学生口头复述课文主要内容 4. 以小组为单位进行比赛：看图写出比较级和最高级的句子	1. 完成作文：比赛（记叙课堂上看图写句子比赛） 2. 完成线上在线测试 3. 写出课后反思	1. 摘要写作20% 2. 课堂表现20% 3. 课后作文20% 4. 线上测试20% 5. 课后反思20%

（续表）

主题	周次	教学目标	教学内容要点	教学资源	教学活动安排			学习效果检测与评价
					课前（网上）	课中（面授）	课后（网上）	
家庭规定	第12周	1. 学生能够理解被动语态的形式与用法 2. 学生会用被动语态表达规定 3. 学生提高使用英语表达自我的兴趣	1. 被动语态的基本形式及用法 2. 一般现在时与一般过去时的被动语态 3. 课文词汇及语言点 4. 如何进行口头复述 5. 如何写课文摘要	1. 教材P48-49 2. 微视频"被动语态讲解" 3. 课文视频讲解 4. PPT"课文及语法讲解"	1. 观看视频：被动语态讲解，课文视频讲解 2. 自学教材及PPT"课文及语法讲解" 3. 完成摘要写作 4. 上网查阅资料，以小组为单位归纳表示规定的5个句型（含被动语态）	1. 被动语态及课文要点讲解（根据学生学习情况可安排学生分享课前学习心得和困惑） 2. 学生口头复述课文主要内容 3. 小组讨论：介绍自己的过去及现在的家庭规定. 然后每组选派一名代表代表小组发言	1. 完成作文：我的家庭规定 2. 完成线上在线测试 3. 写出课后反思	1. 摘要写作20% 2. 小组讨论20% 3. 课堂表现20% 4. 课后作业20% 5. 线上测试10% 6. 课后反思10%

（续表）

主题	周次	教学目标	教学内容要点	教学资源	教学活动安排			学习效果检测与评价
					课前（网上）	课中（面授）	课后（网上）	
工作要求	第14周	1. 学生能够理解情态动词must的用法 2. 学生能够使用must谈论自己工作中的一些要求 3. 学生提高使用英语表达自我的兴趣	1.must的用法 2. 课文词汇及语言点 3. 如何进行口头复述 4. 如何写课文摘要	1. 教材P76-77 2. 微视频"must用法讲解" 3. 课文视频讲解 4. PPT"课文及语法讲解"	1. 观看视频：must讲解，课文视频讲解 2. 自学教材及PPT"课文及语法讲解" 3. 完成摘要写作 4. 学生分成3个小组，分别按着装、用餐、工作时间等收集组内成员的工作要求	1.must用法及课文要点讲解（根据学生学习情况可安排学生分享课前学习心得和困惑） 2. 学生口头复述课文主要内容 3. 以小组为单位，介绍自己单位的工作要求，然后每组选派一名代表介绍本组情况	1. 完成作文：我的工作 2. 完成线上在线测试 3. 写出课后反思	1. 摘要写作20% 2. 小组讨论20% 3. 课堂表现20% 4. 课后作业20% 5. 线上测试10% 6. 课后反思10%

（续表）

主题	周次	教学目标	教学内容要点	教学资源	教学活动安排			学习效果检测与评价
					课前（网上）	课中（面授）	课后（网上）	
兴趣爱好	第16周	1. 学生能够理解动名词的形式与用法 2. 学生会用动名词表达兴趣爱好 3. 学生提高使用英语表达自我的兴趣	1. 动名词的形式及用法 2. 课文词汇及语言点 3. 如何进行口头复述 4. 如何写课文摘要	1. 教材P88-89 2. 微视频"动名词讲解" 3. 课文视频讲解 4. PPT"课文及语法讲解"	1. 观看视频：动名词讲解，课文视频讲解 2. 自学教材及PPT"课文及语法讲解" 3. 完成摘要写作 4. 完成语法课前测	1. 动名词讲解（根据课前测的情况有针对性地讲解） 2. 课文要点讲解 3. 学生口头复述课文主要内容 4. 以小组为单位谈论兴趣爱好，然后每组选派一名代表发言	1. 完成作文：我的兴趣爱好 2. 完成线上在线测试 3. 写出课后反思	1. 摘要写作20% 2. 语法课前测20% 3. 课堂表现20% 4. 课后作业20% 5. 线上测试10% 6. 课后反思10%

三、结论

1. 在成人学生公共英语教学中开展"四三二一"混合式教学提升了课程教学质量

首先混合式教学有效解决了学生工学矛盾导致的"学习缺失"问题。成人学生普遍面临工作时间与上课时间的冲突，因此面授课出勤率比较低。开展混合式教学，不是简单地把一部分面授课转移到网络上进行。如果网络学习只是面授课时间与地点的简单搬移，只是简单地将教师上课的课件或视频挂到网上让学生自学，那么最多只能取得和课堂教学相当的教学效果。由于离开了教师面对面的指导，通常情况下这样的教学效果要比课堂教学效果更差。"四三二一"混合式教学充分发挥了在线学习和课堂教学各自的优势，统筹规划，重新设计安排教学计划、教学内容、教学方式、教学评价等，能够提升每次课的教学容量，从而减少传统面授课的次数，将学生从面授课时间与工作时间冲突、从往返学校的奔波中解脱出来。

混合式教学把面授课堂解放出来，面授课堂不再"灌输知识"，成了能力培养的阵地。根据"四三二一"混合式教学模式，教师布置课前在线学习任务，将每次课的课文讲解、语法点等语言知识的学习放在网络上，学生进行自学。有了课前的学习和铺垫，课中原本用来学习语言知识的时间即被解放出来，可以用来进行语言能力的训练，如朗读对话、复述课文、围绕主题的讨论、表演展示等，这些方式有效锻炼和提高了学生实际运用语言的能力。课后在线学习是对课前、课中学习的检测和拓展深化。通过课前、课中、课后三个阶段在网络学习平台和面授课堂两个空间围绕主题开展的混合式教学，学生从网络自学能力，到语言运用能力都比单纯的面授教学有了很大提高。

根据课程结束时对学生做的问卷调查，所有的学生都表示对这门课程感到满意，认为课程的教学资源比较丰富，对课程在线部分的学习形式感到满意。

所有学生同意本课程的学习让他们有更多收获，97%的学生同意本课程混合式教学提升了课程的质量，95%的学生同意本课程混合式教学提升了其学习兴趣。

2.混合式教学增加了学生的学习难度

根据问卷调查，59%的学生认为利用网络开展的混合式教学增加了他们的学习难度。究其原因，主要有以下两方面。一是学生对混合式学习的能力准备不足。这种能力准备包括：自主学习能力、实践管理能力、成熟度与责任感、应用信息技术的能力等。二是学生所获得的支持不足。在混合式学习过程中，学生通常会面临四个方面的困难：管理困难、技术困难、学术困难和心理困难。作为教师，我比较多的是从教学上为学生提供支持，并通过聆听、反馈、激励等方式提供社会交往上的支持。学生在技术上和时间管理上获得的支持较少。

四、设想与建议

（一）加强对学生参与混合式教学支持的研究

为了让学生更好地参与混合式学习，需要为学生提供更多支持，降低其学习的难度。一方面从机构层面上，为支持鼓励学生参与混合式教学提供更加宽松便利的条件。学院要从相关政策制度上对"混合式教学"进行倾斜，比如增加参与混合式教学的课程数量，增加每门课混合式教学的比重，提高混合式教学课时，增加技术人员提供技术保障，开设学生混合式学习能力讲座及培训等，以帮助学生快速熟悉并适应混合式学习环境和学习模式。另一方面在课程层面上，授课教师要为学生参与混合式学习提供各种学术支持，并通过互动交流减轻其心理焦虑。

（二）加强混合式教学中个性化教学的研究

目前的探索实践还不能精确满足学生个性化的学习需求，以后要加强个性化教学的研究。在个性化教学中，首先要对学习者进行分析，根据其学习起点水平、学习动机、信息素养等因素进行分层，并在学习过程中根据学习分析技术进行动态分层。然后教师为每个层次的学生定制个性化的学习路径，推送个性化的学习资源，提供个性化的辅导方案。使每位学生都能在自己的"最邻近发展区"学习，调动学生的学习积极性，发挥学生的潜能，使每位学生真正学有所获。

参考文献

[1] 冯晓英，王瑞雪等．国内外混合式教学研究现状述评——基于混合式教学的分析框架 [J]. 远程教育杂志，2018(5).

[2] 郑云翔．新建构主义视角下大学生个性化学习的教学模式探究 [J]. 远程教育杂志，2015(4).

[3] 邹蓉．成人高校混合式教学现状分析及对策研究 [J]. 当代继续教育，2017(4).

[4] 张杨．基础英语教学中主题式教学模式的运用——以《只见群山》一课的教学为例 [J]. 教育探索，2014(12).

[5] 余恬．主题式教学模式在初中英语课外阅读教学中的应用研究 [D]. 广州：广州大学出版社，2019.